D1746533

Josef Schaut (Hrsg.)

Etz gugg au do na

Ansichten und Einsichten aus Oberschwaben

Biberacher Verlagsdruckerei GmbH & Co. KG

Vorwort	5
S bleibt niggs wia s isch – Was sich verändert	6
D Leit: S geit Settige ond Sottige – Menschliches	32
Schaffa ond gruaba – Arbeiten, festen, feiern	72
Wia ma schwätzt – und redet	100
Ansichten und Einsichten	136
Impressum	151

Vorwort

Etz gugg au do na! So ebbes!
So etwas, wer hätte das gedacht?

Hinter diesem Ausdruck der Überraschung und des Erstaunens steckt auch die Aufforderung, genauer hinzusehen. Dazu lädt dieses Buch ein.

Beim Durchblättern fallen wohl die Bilder ins Auge, schwarz-weiß, kontrastreich im Bild und teilweise auch in der Aussage. Gegensätzliches lässt sich ja allenthalben finden, in der Landschaft und bei den Leuten. Wer mit wachen Sinnen die Entwicklung der letzten Jahre beobachtet, dem fällt vieles auf. Das Landschaftsbild wird ein anderes. Es gibt noch wenige kleinteilige Wiesen und Äcker, dafür umso mehr maschinengerechte riesige gleichförmige Flurstücke. In den Dörfern stehen noch vereinzelt alte Höfe, die meisten sind inzwischen umgebaut. *S bleibt niggs wia s isch.*

Die Reihe augenfälliger Veränderungen lässt sich fortsetzen. Wie aber halten es die Menschen dieser Region mit den technischen und wirtschaftlichen Entwicklungen, mit der sogenannten Globalisierung? Bleiben die Schwaben wie sie sind? Wie sind sie eigentlich? So einfach ist das gar nicht zu sagen, denn *s geit Settige ond Sottige*. Vielfalt und Wandel einer Region sind das Thema dieses Buches.

Genauso aber auch die Suche nach dem Beständigen, nach Einsicht und Weitsicht. In unserer schnelllebigen Zeit tut es gut, gelegentlich innezuhalten und zu schauen, was so abgeht und manchmal auch verloren geht. Wer *schwätzt* denn noch so richtig schwäbisch, dass man genau hört, wo er herkommt?

Gerade weil das so ist und viele spüren, dass mit der Überschwemmung durch weltweit gleiche Informationen, Produkte, Trends und Moden auch Originalität und Individualität verloren gehen, ist der „Oberschwäbische Kalender" zu einem Renner geworden. Viele sammeln ihn, und oft wurde nachgefragt, ob es nicht eine gedruckte und gebundene Sammlung gäbe. Hier ist sie: eine Auswahl aus 20 Jahren, neu geordnet und angereichert mit Informationen und Kommentaren.

Das Buch ist ein Gemeinschaftswerk. Zu dem, was Lehrer und Schüler in über 20 Jahren für den Oberschwäbischen Kalender zusammengetragen und gestaltet haben, ist viel Neues dazugekommen. Danke schön und *Vergelt s Gott* an alle, die jetzt oder früher mitgeholfen haben, in Wort und Bild etwas zu schaffen, von dem man sagen kann: „*Etz gugg au do na*".

S bleibt niggs wia s isch

Was sich verändert

S bleibt niggs wia s isch:
Das ist nichts Neues. So wie sich das Wetter wandelt, Tag und Nacht sich ablösen und die Jahreszeiten wechseln, treiben wir alle im Fluss der Zeit. Michel Buck, 1832 – 1888, beschreibt dies mit seiner „Zeituhr", die still und stetig läuft, ohne dass „du ein Rädchen knarren hörst".
Dia Zeituhr goht so still ond gstät
Du hairsch koi Rädle goura
Doch aih du dra denkscht, hot se s dreht,
Du merkscht as mit Bidoura…
Gstät und goura, wer versteht das überhaupt noch? Sprechen die Leute in Ertingen, wo Dr. Michel Buck aufgewachsen ist, noch so? Die Alten verstehen es noch *ond schwätzet zom Doil no so*. Die Jungen *schwätzet* anders. Sie leben im Oberschwaben des 21. Jahrhunderts, und da lebt es sich gut.

**Bodensee-Oberschwaben,
das ist die Wohlfühlregion Nr. 1**
in Deutschland, ermittelt von der Unternehmensberatung McKinsey, dem ZDF, dem Magazin „Stern" und dem Onlinedienst Web.de. Eine schöne, heile Welt, in der es sich leben lässt. Ländlich, idyllisch: Wiesen, Kühe, Waldstücke, Seen, Kapellen, Wegkreuze, Zwiebeltürme, Bauern- und Gasthöfe; prosperierend: Wirtschaftswachstum, Arbeitsplätze und Hightech – all das ist Oberschwaben, je nachdem *wia mas agugged*.

Was gehört zu Oberschwaben, wo liegt es?
Von Stuttgart aus gesehen ist es das Oberland, eingefasst vom See und von den Alpen, von *de Schneeberg*, im Süden, von der Iller im Osten, aber da wird es schon schwierig. Die Iller grenzt zwar die Länder Baden-Württemberg und Bayern voneinander ab, aber nicht die Schwaben, die wohnen „*hanna ond danna*", hüben und drüben. Im Norden kann die Donau als Grenze gelten, im Westen wird es aber wieder diffus. „Badischer Geniewinkel" steht an der Ortstafel von Meßkirch. Badisch und württembergisch, das ist noch nicht so lange her. Oberschwaben ist älter und beides. Viele Badener, die sich mit den oberschwäbischen Württembergern schwertun, wissen nichts von der gemeinsamen Geschichte. Oberschwaben war lange beim Habsburgischen Vorderösterreich und teilweise unter klösterlicher, reichsstädtischer, gräflicher oder fürstlicher Herrschaft. Es kam zur gleichen Zeit zu Württemberg, wie das ehemals vorderösterreichische Freiburg zu Baden. Als Westgrenze Oberschwabens taugt also eher die alemannische Sprachgrenze dem Schwarzwald zu, wenn es überhaupt wichtig ist, Grenzen zu ziehen.

Kleinräumig und vielgestaltig

Der früheren kleinräumigen Aufteilung in unterschiedliche Herrschaftsgebiete entspricht das vielgestaltige Landschaftsbild. Sanfte Hügel von Gletschereis und Wasserfluten geformt, mit Wald, Wiesen und Ackerfluren bestückt, dazwischen die Gehöfte, die Weiler, Dörfer und Kleinstädte, alles ist geordnet und gepflegt. Wenn es zigtausende Jahre gebraucht hat, um die Landschaft zu formen, tausend Jahre, um sie zu kultivieren, das heißt unter den Pflug zu nehmen, so sind es rund zweihundert Jahre, seit unser modernes Staatswesen einigermaßen funktioniert, und wenige Jahrzehnte, um alles zu verändern. Wer hierzulande alt geworden ist, der kennt noch die bäuerliche Landwirtschaft vom eigenen Hof oder Höfle, von Verwandten oder Bekannten, die mitgeholfen haben, die Nachkriegszeit zu überstehen. Morgens melken, misten, Futter holen, Rüben und Kartoffeln hacken: es gab viel Handarbeit, mancher hat sich *bucklig gschaffed*. Im Laufe der letzten fünfzig Jahre sind sie nacheinander verschwunden, die kleinen Bauernhöfe, die kleinteiligen Rüben- und Kartoffeläcker, die Pferde- und Kuhgespanne. Ein oder zwei landwirtschaftliche Betriebe gibt es noch im Dorf. Der Wandel von der bäuerlichen Landwirtschaft hin zur Agrarindustrie ist noch nicht abgeschlossen. Bergehallen, Silotürme, Massentierhaltung, Emissionen, genmanipulierte Pflanzen – *s isch nemme dees*. Es gibt sie hierzulande, die Nachdenklichen und Vorausdenkenden, die Sorge haben um die Landschaft, um giftfreie Böden und um gutes Brot. Was Arbeitsplätze, Verdienst, Vermögen und Gewinn angeht, ist die Landwirtschaft kein großes Thema mehr. Industrie, Handwerk, Handel und Dienstleister bieten mehr. Der Entwicklungsachse Biberach-Friedrichshafen entlang sind große Betriebe angesiedelt, von Liebherr bis zu den Zeppelinwerken, sie finden sich aber auch über die ganze Region verstreut. Diese Skizze der geografischen Lage, der wechselhaften staatlichen Zugehörigkeit und der sich verändernden wirtschaftlichen Struktur macht den Wandel deutlich.

S bleibt niggs wia s isch

In Fragmenten ist es noch vorhanden, das alte Oberschwaben: bäuerlich, dörflich, kleinstädtisch, idyllisch, konservativ, katholisch, eigensinnig und weltoffen. Wird es seinen Eigensinn in Sprache und Kultur behalten? Wie wird es sich weiter entwickeln? Werden Globalisierung, Automation, Mobilität, Medien, Aldi, Lidl und die Massen-Events alles einebnen? Schöne, heile Welt! „Kommt jetzt Biberach?", hat einer im Zug gefragt. „Noi, guater Ma, do fahret mir na", bekam er als Antwort. Wir sind alle unterwegs. Wir sorgen selber dafür, dass *„niggs bleibt wia s isch"*.

S bleibt niggs wia s isch

Wemma wisst, wo s na goht.

Woisch no

wia dia domols debret hend,

Pilzkepf ond langhoorige Dackl

hend se ons ghoißa,

drbei hend mir scho emmer

guat en d Landschaft neipasst.

S bleibt niggs wia s isch

S bleibt niggs wia s isch

Fir s Nochbers altem Baurahaus
schlet heit s letscht Stündle, goht ällz aus.
Schau hört ma rassla vo dr Stroß
en Bagger, wia en Saurier groß.
Der raicht ond brommlet, macht Radau.
Noi, Guets ka der em Senn it hau!

Er streckt sein langa Hals, fletscht d Zäh,
schnappt zua, vrmalmet s ganz Kamee,
stroift glei en Roiha Blatta ra,
haut mit seim Grend an Giebel na,
wia en Rammbock, bis der zmol vrdlot
ond rauskeit ond en Trümmer goht.

Druf langet r noh ama Sparra
ond reißt mit Nottla ond mit Zerra
em Dach a Loch en d Rippa nei.
I hör a Ächza ond en Schroi
vom Haus en seiner großa Not.
Der Saurier doch koi Luck it lot.

Noi, jetz reißt r gar alles zema.
D Dachblatta fallet ra wia Träna
ond Sparra, Latta, Britter, Spacha
ällz sieht ma uf oin Haufa kracha.

En Wolka Staub leit s Haus en Scherba,
wia wenn s alloi sei mecht zom Sterba.

Was bleibt ischt bloß en Haufa Blonder.
So schnell ischt hee, so schnell goht onder
a Haus, wo schau vo so vill Gschlechter
hot s Heina, Singa ghört ond s Glächter,
wo Honderte vo Johr doch schau
dia Leit hot komma seah ond gauh.

Wo s hot umfriedet, überdacht,
vorm Wetter gschützt bei Dag ond Nacht.
Wo Mensch ond Vieh hand deffa hausa
ond d Katza uf dr Lauba mausa,
wo d Schwalb hot ondrem Vordach baut
ond uf em Dach Däubin ond Kaut
gugguuseret hand em Sonnaschei.
Des ällz, des ällz ischt jetz vrbei!

Doch s Opfer ischt it ganz fir d Katz,
baut weat bald wieder uf deam Platz,
s hoißt ieberal jetz: „Us alt mach nui!"
Denn eisa Dorf soll scheener sei.

Rösle Reck

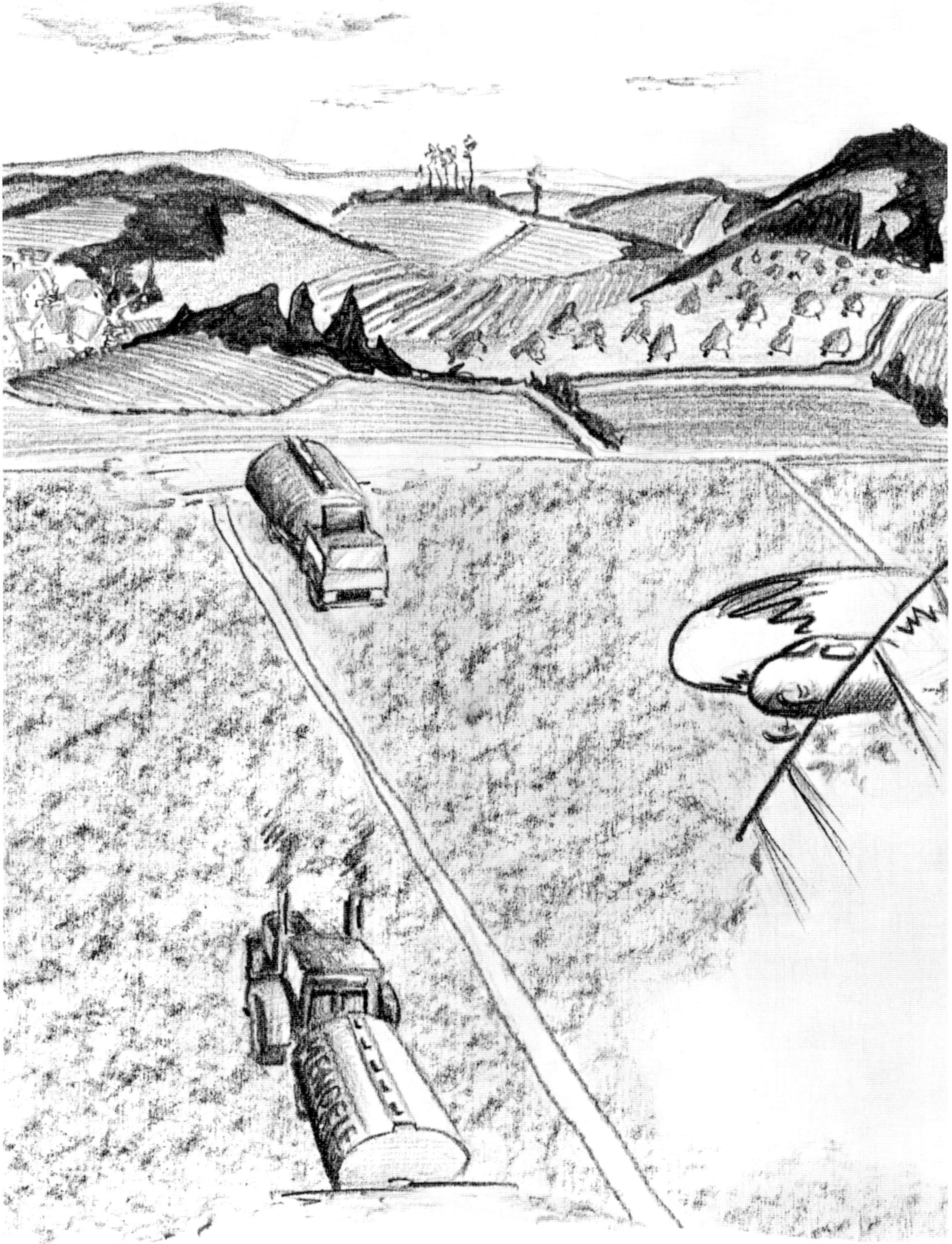

S bleibt niggs wia s isch

Haiet …

Dorfsanierung – Hauptsach, ma loßt Kirch em Dorf

… ond zmol isch Gras driebr gwachsa

S bleibt niggs wia s isch

SatAnsichten

Familie
 i
  i be ibrig

I ond dr Schef	**I ond dr Schef**	**I ond dr Schef**	**I ond dr Schef**	**Dr Scheff**
send schao mitnand e d Schual ganga	schaffad schao dreizea Johr e dr Firma	moinad schao lang ma sott draabaua	schwätzad iber älles was wichteg isch	hot me geschdert gfroaged ob e ed vo mir aus kendega well

Manfred Mai

Bloß dr Grabstoi wirfd no Schadda

Ilse Berliner, * 1924, † 1943 – Charlotte Bernheim, * 1851, † 8. 11. 1935 – Klara Dreifuss, geb. Lewin, * 10. 9. 1874, † 24. 1. 1940 – Abraham Einstein, * 5. 11. 1790, † 18. 6. 1859 – Josef Einstein, * 1863, † 8. 5. 1938 – Alfred Erlanger, * 1878, † 1943 – Heinrich Guggenheim, * 30. 10. 1839, † 30. 5. 1912 – Charlotte Hechinger, * 26. 6. 1859, † 20. 8. 1859 – Bernhard Hirsch, * 1881, † 20. 5. 1936 – Julius Josephsohn, * 1873, † 6. 7. 1938 – Ignatz Kohn, * 1859, † 20. 8. 1938 – Maier Kohn, * 6. 10. 1802, † 12. 8. 1873 – Leopold Lammfromm, * 14. 6. 1805, † 16. 6. 1859 – Friedrich Landauer, * 1872, † 1943 – Bluma Laupheimer, geb. Hofheimer, * 16. 6. 1858, † 9. 8. 1937 – Simon Levi, * 27. 11. 1816, † 13. 12. 1889 – Cilly Löwenthal, geb. Schüssler, * 8. 5. 1812, † 5. 9. 1865 – Albert Moos, * 1876, † 1944 – Emanuel Neuburger, * 20. 1. 1813, † 3. 4. 1900 – Rosa Pincus, * 1868, † 1942 – Jette Rosenfeld, geb. Erlanger, * 26. 4. 1832, † 12. 3. 1896 – Ida Rothschild, * 1876, † 1942 – Klara Schmal, * 1874, † 1942 – Gustav Simon, * 1874, † 1. 11. 1913 – Moritz Mosche Stern, * 18. 11. 1858, † 1. 7. 1895 – Hellmuth Ullmann, * 1923, † 1943 – Sara Vierfelder, geb. Levi, * 1846,

D Jüdana von Buacha!

Des Zügle dampfat, s hot me trait
westwärts, weg von de Russa.
Bischt doch a Weile, s hot de gfreut,
us deanr Scheiße hussa.

Und z Riga hoißt noch: Haltat a,
dand wäscha, büschta, soifa!

… noch haire, woiß gwieß dass so ischt,
schwäbasche Wöatr falla!

Haus dau und be zum Bau-Trupp nomm,
dia schaffet ghöreg weitr;
Ha Hailand, s schlät me schirgar um,
des sind jo lautr Weibr!

Se gucket aihnandr bloß aweg,
Oh, wäre no futt blieba!
In deane Gsichtr, do ischt Schreck
und Angscht und Furcht neigschrieba!

I sag drzua: Dand itt so fremd
und machat koine Mucka,
hau ghairt, dass dohann Schwoba sind,
no deane wille gucka.

Jetz tauat s Eis, jetz gruabat d Händ,
a Landsr will is bsuacha?
Descht schaurwohr,
dass mir Schwoba sind,
doch Jüdana von Buacha.

Se häbat gwieß nix aureachts dau
und itt oin Pfenneg bschissa,
ma häbs en d Häuser nemme glau
und us dr Hoimat grissa.

Im Kriag hot jedr Mensch sei Qual,
sag i, do kascht nix macha,
d Soldata wirft ma so brutal
wia ui de Wölf in Racha!

S ischt itt am maischta, wa ne hau,
doch ällz will i ui gonna;
bleibt mir au nix, i wär noch schau
zu wiedr abbas komma.

Jetzt haune grad gmoit
s Herz bleib stauh,
so areg hots me gnomma,
wo ne noch dett erfahra hau:
sei koina maih hoimkomma!

Ein heimwärsfahrender Soldat hört
beim Aufenthalt in Riga „schwäbische Wörter
fallen". Als er den schwäbisch sprechenden
Bau-Trupp aufsucht, stellt er fest,
„das sind ja lauter Frauen!"
Diese Frauen, Jüdinnen aus Buchau am Federsee,
klagen ihr Leid. Der Landser schenkt
ihnen was er hat. Später erfährt er, dass keine
mehr heimgekommen ist.

In Bad Buchau lebten viele Juden.
Es gab eine Synagoge.
Heute liest man gelegentlich davon,
wenn der jüdische Friedhof geschändet wird.

August Mohn

Ma woiß z letscht nemme

wo ma eigentlich isch
z Sulga oder z Boiafurt
oder en Männhätten,
hett ma no d Kirch
em Dorf glau.

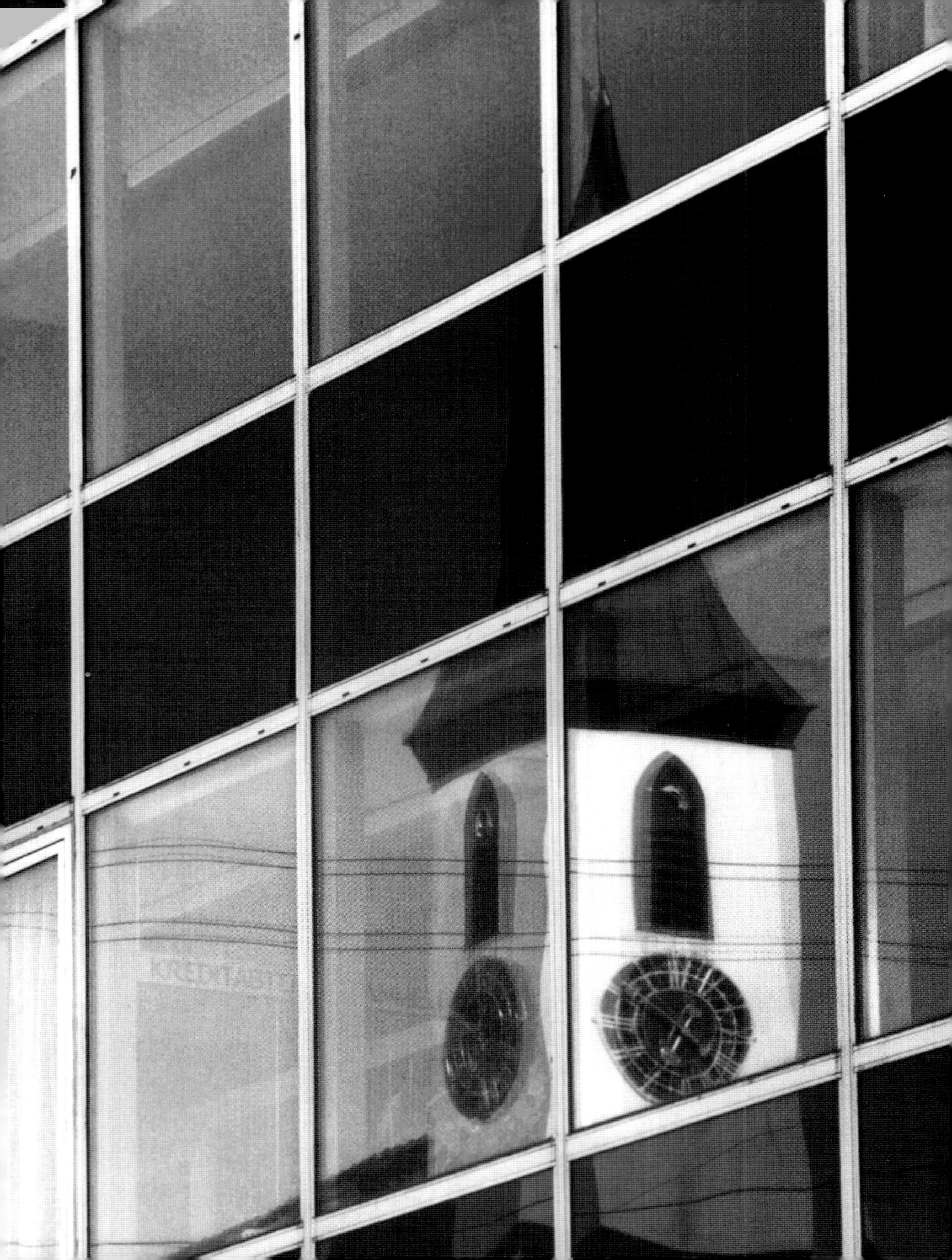

S bleibt niggs wia s isch

23

S bleibt niggs wia s isch

„Oberschwäbische Barockstraße"

S bleibt niggs wia s isch

http://www.wunschkueche.kommt/

Mir duats

Mir brauchet niggs Nuis – mir hand am Alta gnuag

S bleibt niggs wia s isch

1. Ziele für die geo-ökologische Organisation

a) Landschaftsunschädlichkeit:
Die Natur als Planungsraum soll so genutzt werden, daß ihre Elemente: Boden, Wasser, Klima, Flora und Fauna und deren Zusammenwirken nicht zerstört werden. Bei größeren Eingriffen muß an anderer geeigneter Stelle Ersatz geschaffen werden.

b) Wo die Natur sich noch in ihrer ursprünglichen Form zeigt, (Moorgebiete, Auwälder, Riede) sollen diese biologisch sich im Gleichgewicht befindlichen Gebiete als Reservate für Tier- und Pflanzenwelt nicht verändert werden, zumal diese Gebiete keiner Pflege durch den Menschen bedürfen.

Was soll ich denn da ... Anschluß an B 53

← RV B 30

Landstraße Richtung BC

Anschluß an B32

Belastung: ca. 51 to/m²

Statistbureau Ebnner ab 18° anrufen Büchern

Länge gesamt: 59 km
ungefähre Kosten: 7,3 Millionen
Abriß: ...

b) Motorisierungsgrad

Kraftfahrzeugstände für den Landkreis Ravensburg

Datum	Anzahl
30.9.1949	4.275
30.9.1950	6.236
30.9.1951	7.804
1.1.1952	9.802
30.9.1953	11.163
1.9.1954	12.776
1.1.1955	13.142
1.1.1970	35.885

Stand 1.7.1985: 136.597

Kfz-Bestand 2003: 197 000

S bleibt niggs wia s isch

Etz goht s noche!

Wo dia älle na welled

Ob dia älle hoim welled

Ob dia älle hoim kommed

Ob dia von dohoim fut welled

Wo dia älle na kommed

Wo dia älle na welled

S bleibt niggs wia s isch

S bleibt niggs wia s isch

Grüaß Gott
Hallo
Grüezi
Buon giorno
Grüaß Gott
Tschüß
Grüaß de
Dzien dobry
Ciao
Grüaß Gott
Bon jour
Bună zia
Dobar dan
Grüaß Gott
Merhaba

D Leit: S geit Settige ond Sottige
Menschliches

D Leit

D Leit, wieder so ein unerschöpfliches Thema, denn es gibt *Settige* und *Sottige* und Andere auch noch. Schon vom Äußeren her sind *d Leit* vielgestaltig: groß, lang, *aufgschossa* oder *glei, gschdombed, ondersetzt*. *"Der ischd guat ieber da Winter komma"* oder *"Der hot an Ranza wia an Brui"* (Braumeister) meint, dass einer dick sei. In bildhaften Vergleichen wurde und wird Wesen und Gangart beschrieben. *"Der kommt daher wia dr Schdorch", "S Entafiedla"* nannte man den, der wie eine Ente wackelnd daherkam.

Wenn es um die Persönlichkeit der Leute geht, wird es spannend, denn da spiegeln sich Erwartungen, Vorurteile, Missgunst und Schadenfreude. *"Der moint, der sei dr Käs, drbei schdenkt er bloß", "Dia hot schneller a Lug, wia a Maus a Loch"*. Mit Anerkennung und Wertschätzung sind Schwaben sparsam: *"It gscholta, ischd globd gnuag". "Des ischd an reachda Ma"* oder *"Mit deara ischd oiner it bschissa"*: In solchen Aussagen zeigen sich Hochachtung und fast schon Bewunderung.

Es hieße aufs Glatteis gehen, wenn hier versucht würde, die Leute in Oberschwaben generell zu charakterisieren, denn wir wissen ja, *"S geit Settige ond Sottige"*. Dazu kommt, dass sich durch Mobilität und Medien das Verhalten und die Beziehungen ändern. Übers Internet kann einer einen weitläufigen Bekanntenkreis pflegen, ohne seine Nachbarn näher zu kennen.

Die Leute waren früher enger beieinander

Im Dorf und im Städtle kannte jeder jeden. Weil es kein Auto gab und keinen Fernseher und kein Radio, war man aufeinander angewiesen und auf das, was man sich zu berichten wusste. Und das war bei manchen nicht wenig. In der *"Hohschduba"*, das heißt im beheizten Raum, traf man sich an den langen Winterabenden und erzählte sich Geschichten von *de Leit* und über *d Leit*. Wer gereist war, konnte erzählen, wie beispielsweise der *"Unger-Beck"*, der in jungen Jahren von seiner Heimat die Donau entlang bis ins Ungarnland und wieder heim gewandert war. In Mengen an der Hauptstraße, an der Bäckerei Beller, steht es nach wie vor groß auf dem Laden geschrieben *"Dahier an diesem Eck, logiert der Unger-Beck"*. Viele Bäcker haben sich hier inzwischen abgelöst, aber der Name ist geblieben. So wie sich manche Haus- und Hofnamen erhalten haben: *s Bierles, dr Mohrabaur, s Christianasa*. *Wenn se de froged: "Wem gherschd?", no saischd "s Christianasa"*, dann weiß man, wo du hingehörst. So wurde meiner Mutter gesagt, die aus Billafingen stammt, wo die Hälfte Miller hieß. Mein Großvater war der Josef Miller und meine Großmutter die Maria Miller.

Josef und Maria

Josef, Anton, Martin, Michael, Karl, usw. ..., so hießen früher die Buben, und Maria, Franziska, Anna, Agatha, Klara, Rosa usw. hießen die Mädchen – auf dem Papier. Im Sprachgebrauch waren es *dr Sepp, dr Done, dr Maate, dr Michl, dr Karle und d Maarie, d Frenze, d Anne, d Aged, s Klärle, d Rosl*. In den Geburtsanzeigen des Standesamtes Ravensburg vom November 2006 lauten die Vornamen: Bianca, Mirjeta, Cora Josefin, Max, Mia Lauren, Yusuf, Benjamin, Severin, Amin, Martin, Marie, Aron Jacob, Arbin, Noah Can, Felix Jakob, Ruben Lennart, Leander Fidelis, Edmond Shaip, Jan Leonard Franz Cornelius usw. Auch die Familie Eisele und Familie Müller taufen keinen Josef und keine Maria, sondern eben den Leon Ulrich und die Jessica Melanie, wenn sie überhaupt noch taufen lassen.

Schwarz und katholisch

seien die Leute im Oberland, heißt es. Rote Dächer und schwarze Wähler seien ihm lieber als umgekehrt, sagte der frühere Biberacher Landrat Steuer. Auf eine Partei allein ließen sich die Leute aber nie festlegen.

Demokratisches Verständnis und Engagement

kennen die Leute von alters her. Im März 1525 versammelten sich in der Kramerzunftstube in Memmingen 50 delegierte Bauern vom Baltringer Haufen, vom Allgäu und vom Bodensee, um ihre Beschwerden zu formulieren und eine Bundesordnung aufzustellen. Es war dies der erste Versuch einer demokratischen Verfassung in Deutschland.

Die Bauern scheiterten im Bauernkrieg mit ihrem Versuch, von der göttlichen Gerechtigkeit und vom Christentum her Freiheit und Gerechtigkeit für alle zu erreichen.

Peter Blickle hat in seinem Büchlein „Oberschwaben – Politik als Kultur einer deutschen Geschichtslandschaft" die Bedeutung dieser demokratisch-republikanischen Ansätze herausgestellt.

Auch im dunklen Kapitel der neueren Geschichte, im Nationalsozialismus, zeigte sich der demokratische Geist der Leute in Oberschwaben. Hier erhielten die Nationalsozialisten weniger Zustimmung als im übrigen Reich. Der aus Schweinhausen bei Biberach stammende Bischof Joannes

Baptista Sproll wurde wegen seines Widerstandes von den Nationalsozialisten aus seinem Bischofssitz in Rottenburg verjagt.

Ma duat wia d Leit,
mit dieser Aussage kann zweierlei gemeint sein, das kritiklose Anpassen oder das bewusste Mitmachen, um der Gemeinschaft zu dienen. Beides gibt es. So ließen sich damals viele Leute vom Nationalsozialismus infizieren, weil es halt einfacher ist, mit dem Strom zu schwimmen. Heute werden vielfältige Verhaltensmuster von den Medien vorgestellt. Neben dem sogenannten Mainstream zu individueller Selbstentfaltung und Selbstverwirklichung leben viele einen Gemeinsinn, der sich im Mitmachen in den Vereinen und in den sozialen Einrichtungen widerspiegelt.

Jedes Dorf hat seine Musikkapelle
Nirgendwo in Deutschland gibt es so viele wie bei den Schwaben, auch bei den Bayern nicht. Der Oberschwäbische Kulturkalender ist dicht gefüllt mit Konzerten, Ausstellungseröffnungen, Lesungen und Theateraufführungen. Bibliotheken, Museen, Sportstätten und Thermalbäder sind über die ganze Region verstreut. Kein Wunder, dass sich die Leute wohlfühlen in Oberschwaben.

Ander Leit send au Leit,
knapper lässt sich Toleranz, Achtung und Anerkennung für andere kaum ausdrücken.

Persönlichkeiten
Es könnte jetzt eine Liste von großen und bedeutenden Leuten aufgeführt werden, die aus Oberschwaben stammen oder hier gewirkt haben, von A bis Z, von Abraham a Sancta Clara bis zu Ferdinand Graf von Zeppelin. Über Hermann den Lahmen, Albert Einstein, dessen Eltern in Buchau und Ulm lebten, Achler, Bräckle, Braith, Erzberger, Gabler, Grieshaber, Heidegger, Kreutzer, Liebherr, Maulbertsch, Menz, Sailer, Spiegler, Wieland, Walser und viele, viele andere wäre zu schreiben. Die Liste würde zu lang und allein die Namen sagen zu wenig. Eine Auswahl zu treffen, und damit Wertigkeit und Rangfolge zu nennen, wäre vermessen.

**Heilige und Scheinheilige –
Wia mir Leit sei sottet**
Ja, es gab sie und es gibt sie, die echten Heiligen, auch wenn sie nicht alle versteinert verzückt auf den Altären stehen und mit einem amtskirchlichen Heiligenschein ausgestattet sind. Fromme Leute, die ihr Christsein lebten und damit Güte und Liebe verströmten. Da ist beispielsweise die Selige Gute Beth, Elisabeth Achler aus Waldsee, deren Wirken und Ausstrahlung bis heute spürbar ist. Die Eigenschaften, die man den Schwaben – speziell den Oberschwaben – zuschreibt, wären schon ein erster Schritt zur Heiligkeit. *Guatmütig, zfrieda, schaffig, schbarsam, bsonna, grad raus*, das wär schon alles recht, wenn es die andere Seite nicht auch gäbe: *bruddlig, verdruckt, kniggerig* und noch vieles mehr, was wir aus Solidarität lieber verschweigen wollen. Trösten wir uns mit der Feststellung, *s geit Settige ond Sottige*. Letztlich sollten wir bedenken, wenn wir von *de Leit schwätzet* oder gar über *d Leit schwätzet*, sind wir immer mit dabei, als Teil des Ganzen. Der Wunsch: *Wenn no älle Leit so wäret, wia i sei sott*, ist verständlich. Ob das aber nicht langweilig wäre?

Ma sieht it en d Leit nei, ma sieht bloß dra na.

i

iebral

iebral mitschwätza

iebral neiloosa

iebral drbei sei

iebral sei

iebral

iebral

ond

neana

Oiner alloi

ka gar nix macha

Oiner alloi

hot nix zom Lacha

Oiner alloi

brengt andre zom Lacha

Oiner alloi

muaß ed älles macha

Oiner alloi

vrschtohsch was i moi

Manfred Mai

S duat it jeder wia er sott

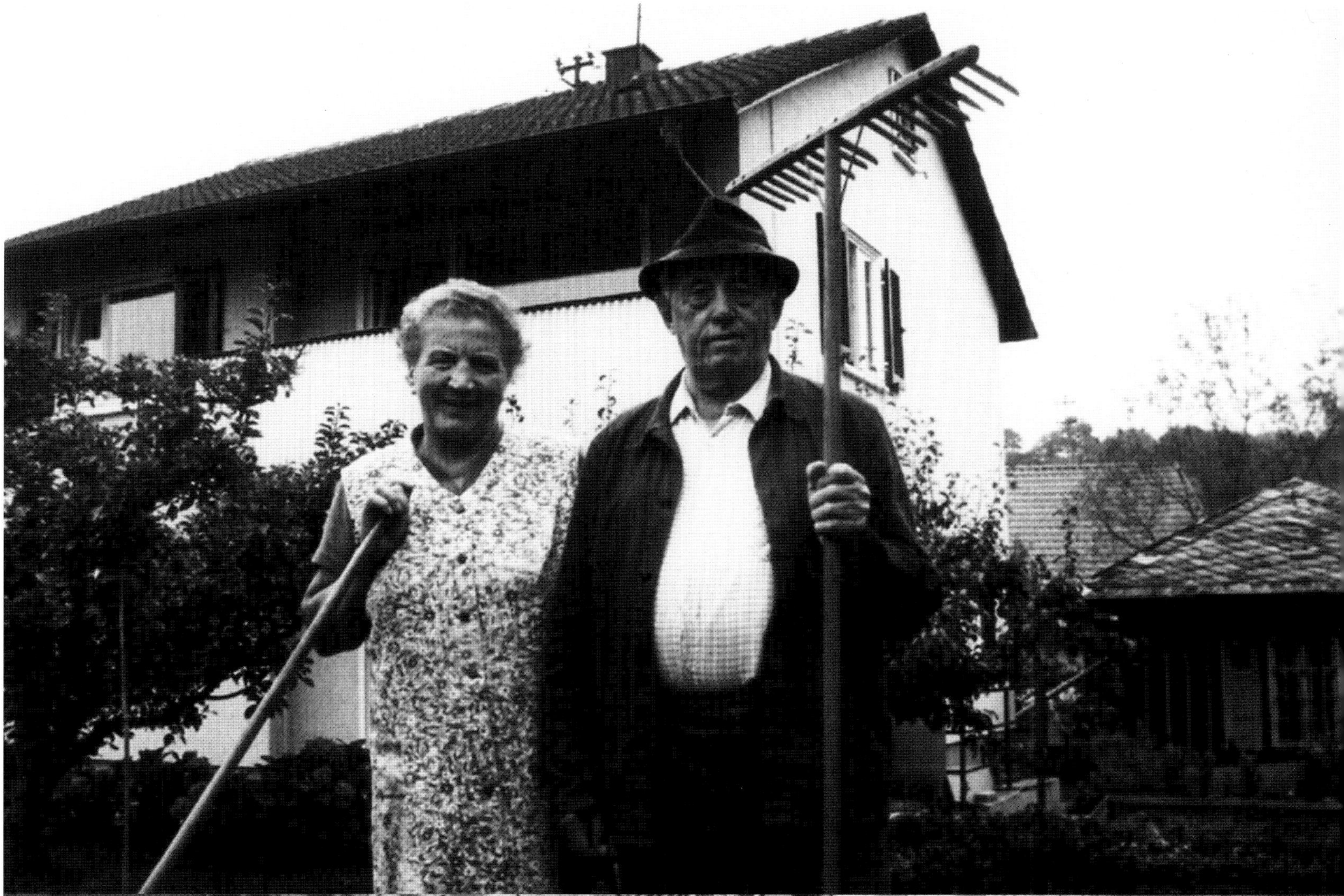

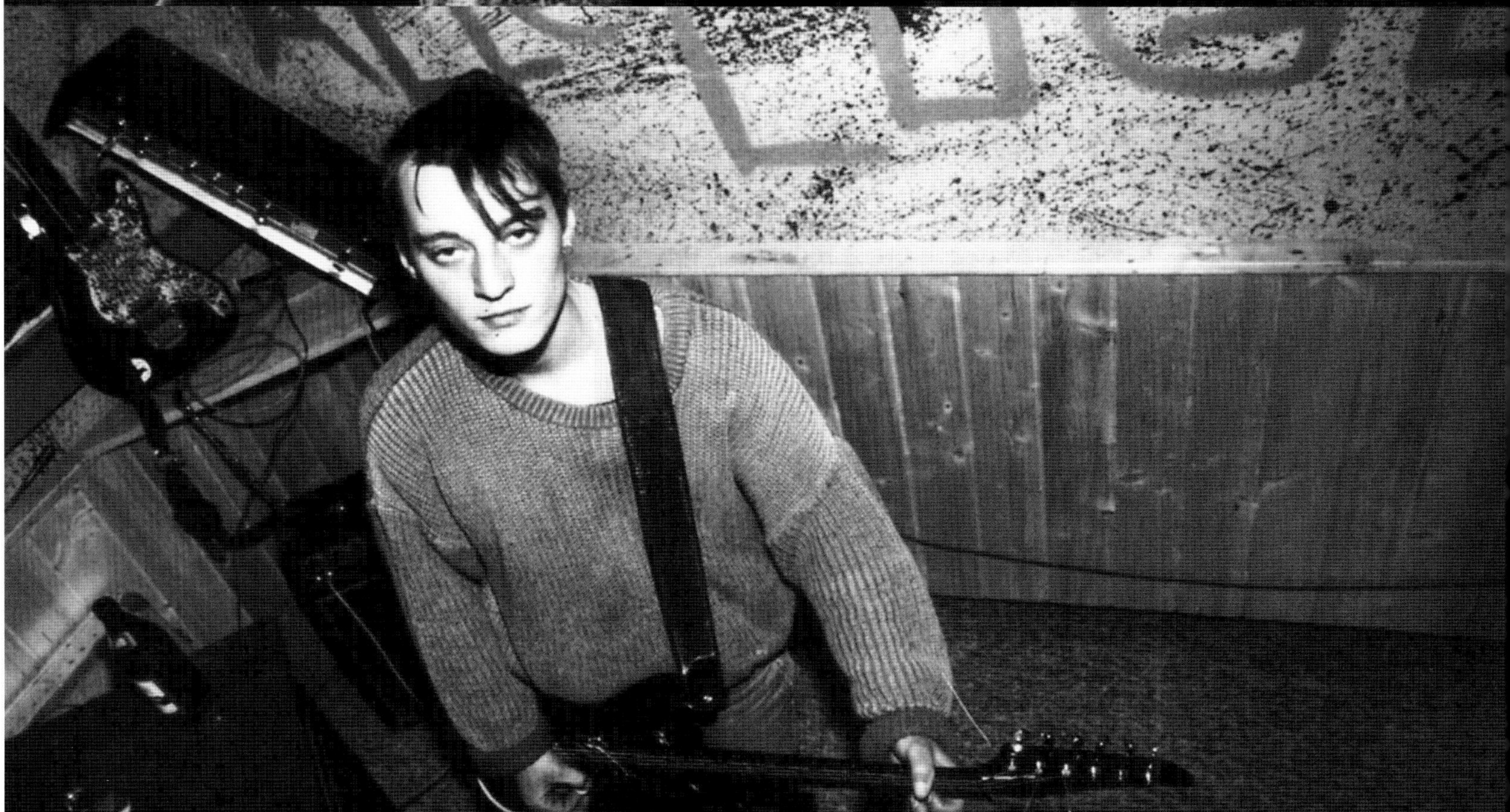

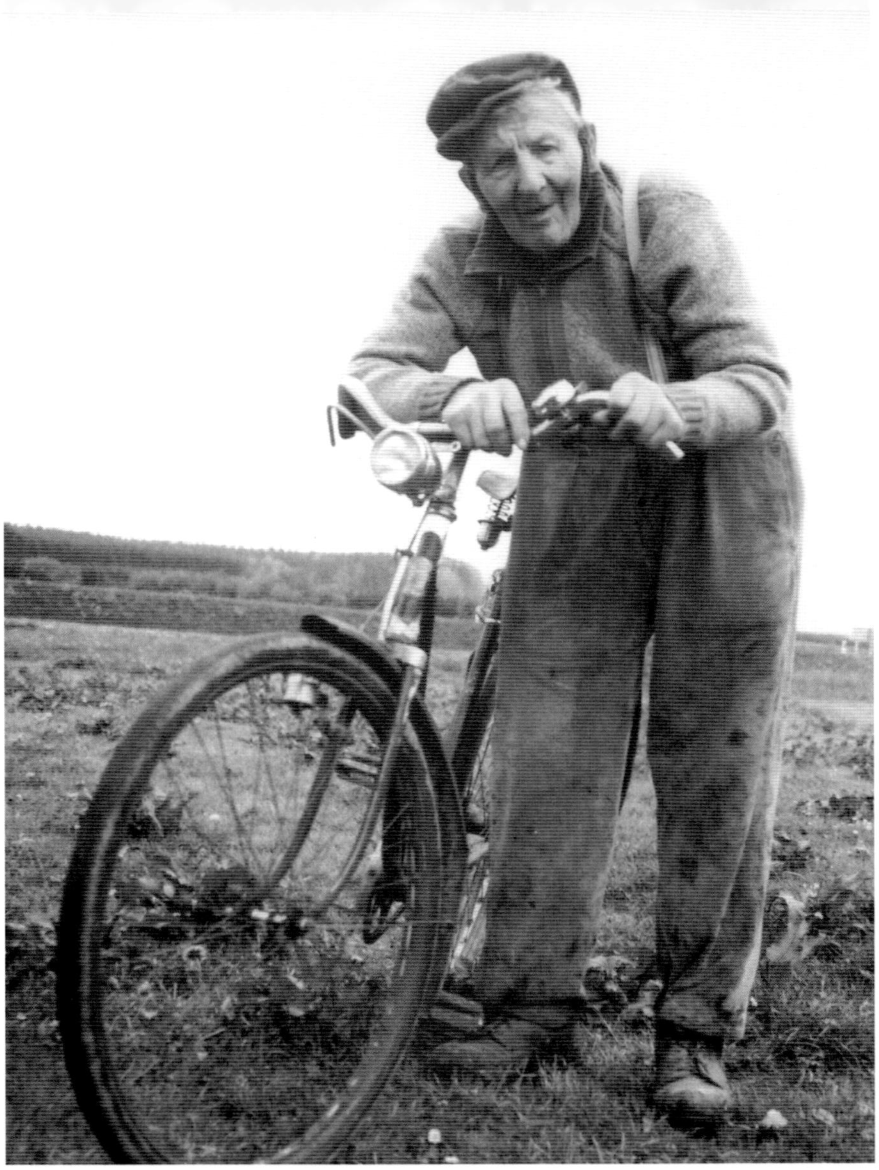

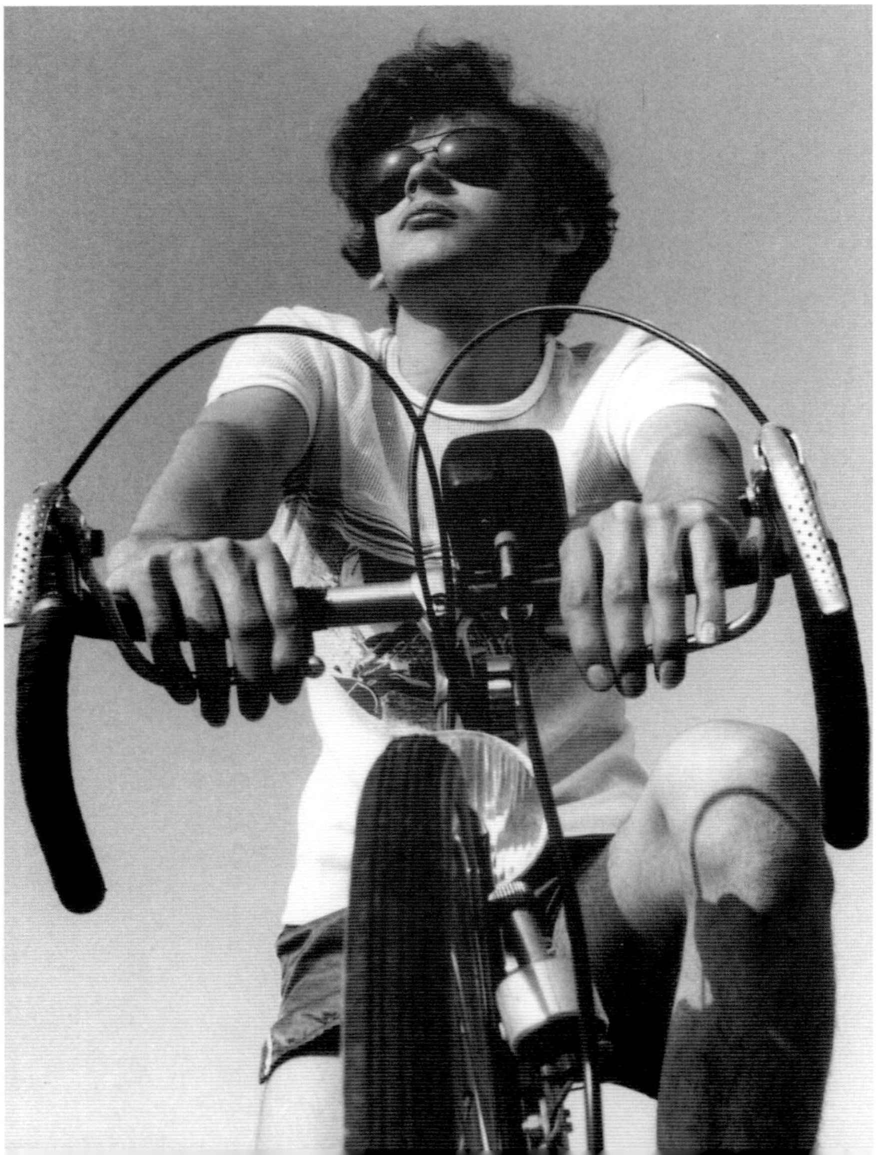

Aus Kender wäret Leit.

Wäret Leit,

Leit!

Dr oine hot a „trautes Heim", ...

... dr andre traut sich it hoim.

Intelligenter reisen.
Deutsche Bundesbahn
DB
Hauptbahnhof Ulm
Zimmer 105,
1. Stock
Sicher in die Zukunft.
Deutsche
Bundesbahn
DB

Kraft hau

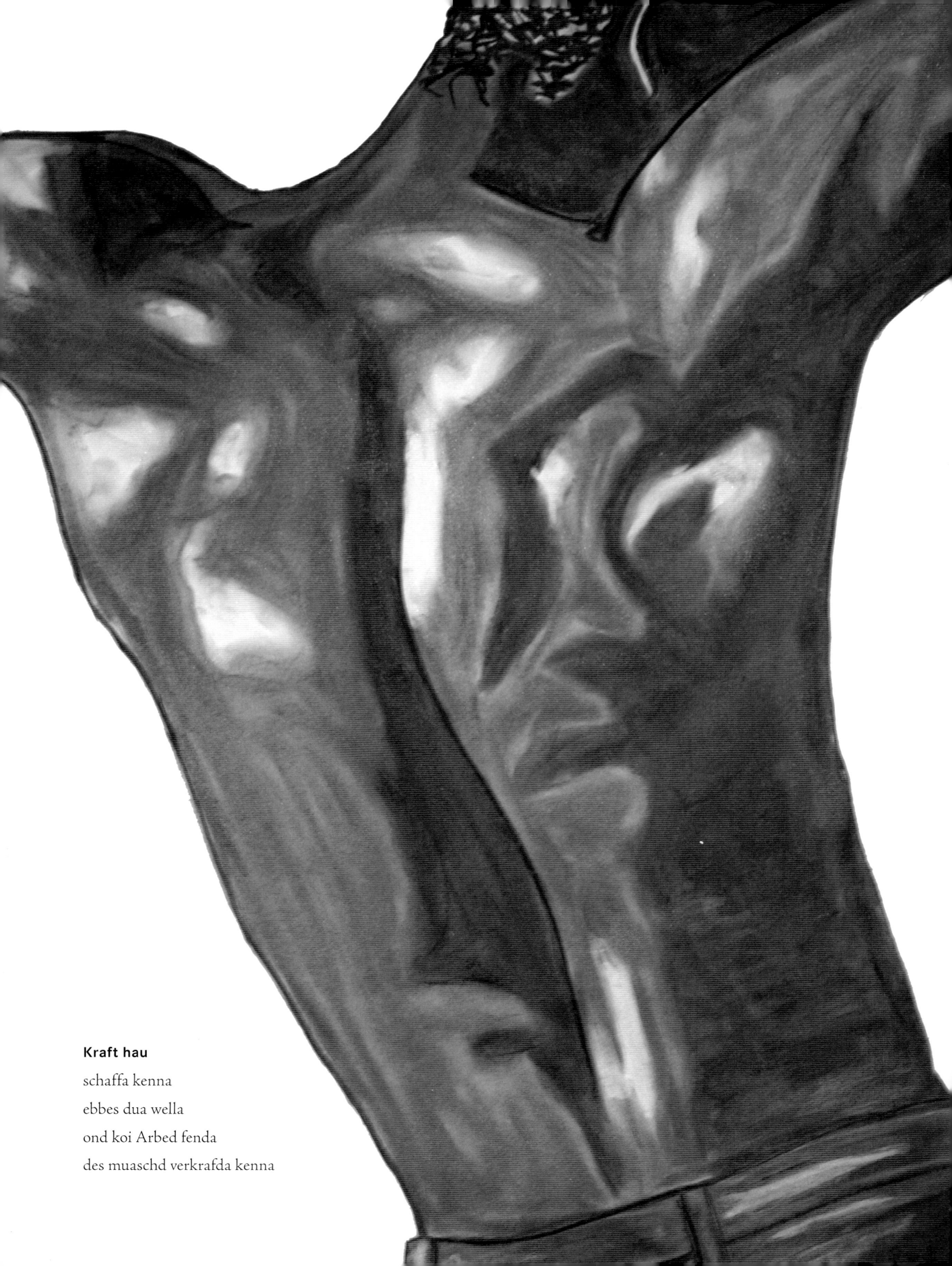

schaffa kenna
ebbes dua wella
ond koi Arbed fenda
des muaschd verkrafda kenna

Wenns de oine amol so geng wia de andre

no dädet se gugga

no dädet se domm gugga

no dädet se anderschd gugga

no dädet se meh noch de andre gugga

Ma sott   Ma derf   Ma ka   Muaß i?   Will i?

Jonge Leit

E dr letschta Zeit haone a baarmoll jonge Leit troffa,
ganz moderne jonge Leit, des hot ma uff da aischta Blick gsea.
Aber rausgschwätzt haond se wie ihre Vädder.

Manfred Mai „Do kaasch nemme"

alafenzig, agschlaga, aberwitzig, akrat, altbacha,

auhauig, batzig, braaf, blitzgscheid, bruddleg,

bsonna, it ganz bacha,

diftleg, dirr, dickkopfed,

dollohrig, dotalos,

droadlig, fuchsdeifelswild, glombet,

gmiadlich, dradaus, gräg, gschbässig, gschdombed,

gschlambed, gscheid, gsond ond gfräs, guatmiadeg,

hendrafier, hoigleg, hofale, ieberlegd, iebermiadig,

ieberzwerch, jomereg, kuraschiert, kniggerig, langlächd,

liab, luschdeg maudreg, maulfaul, meegelig, nasaweiß,

offa, onderhältlich, omdriebig, ooschenierd,

pfauzig, riabig, riegeldomm,

saugscheid, saudomm, schleggig, schnaiglig, scherreg,

verbohred, verdwehnd, verdruggd, verschlaga, vordelhäfdeg,

wonderfitzig, wusaleg, ozfrieda ond zfrieda –

wia d Leit halt so send

Wenn oiner moint

er miaßt sich em Ton vergreifa

ziaht ma andre Soita auf

ond blosad em dr Marsch

bis er aus am letschta Loch pfeift

E Türkaschwob, der hot s recht schwer. Es liegt ihm dauernd alles quer.
Mol schwätzt er schwäbisch – wia ma hört, mol türkisch, weil sich des au ghört,
bloß ka er boides nia ganz guet, er bringt nia alles unter oin Huat.
Die deutsche Sproch hot viele Tücka, au türkçe konuşmak bringt Lücka.
Und trotzdem mag i boides gern, au wenn i boides nie ganz lern!

Mahmut Topal

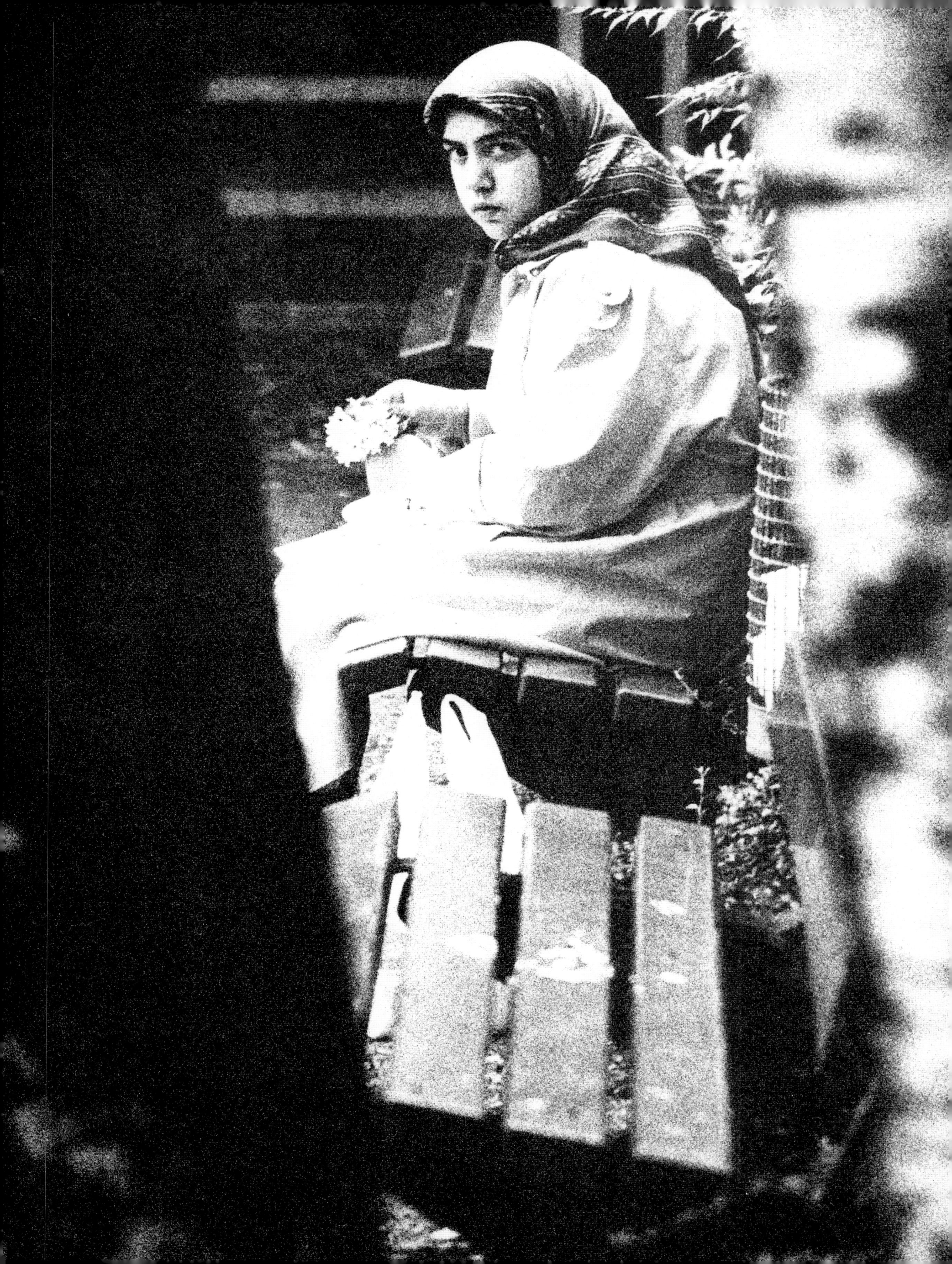

Berg ond Tal kommet it zemma, abr d Leit.

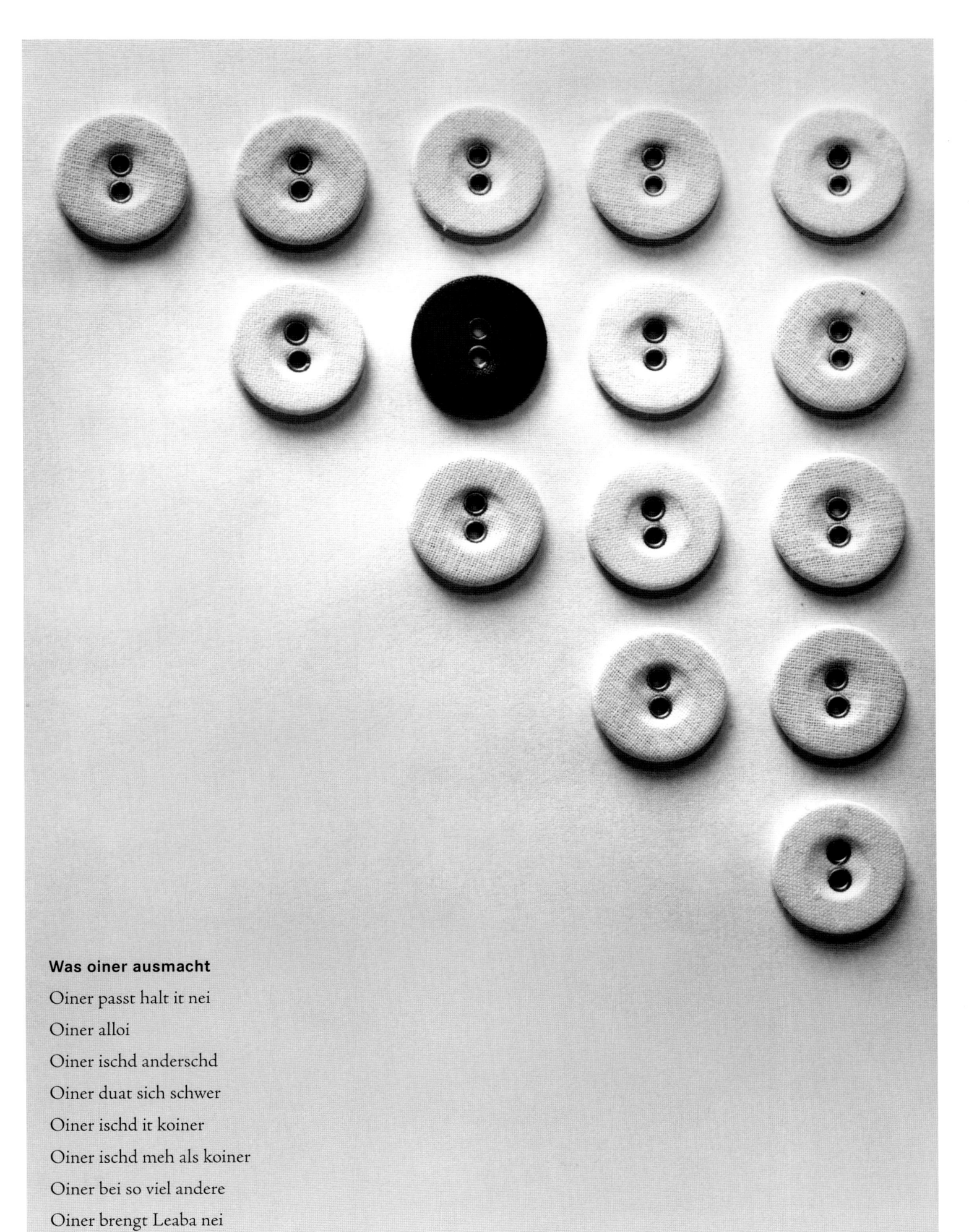

Was oiner ausmacht

Oiner passt halt it nei

Oiner alloi

Oiner ischd anderschd

Oiner duat sich schwer

Oiner ischd it koiner

Oiner ischd meh als koiner

Oiner bei so viel andere

Oiner brengt Leaba nei

Was oiner ausmacht

I ka di leide

           mitanander schwätza
            anander agguga
            anander meega
            anander glauba
           anander vertraua
           anander vertraga
          anander verzeia
        sich aufanander verlassa
        Zeit hau für anander
     mitanander schdreida
ond sich widr vertraga

      wissa was dr andere brauchd
     wissa was em andera weh duad
           anander helfa
       loosa was dr andere sait
    merka wenns em andera it guat goaht
      ieberlega was em andera guat dät
          anander äschdimiera
            anander gelta lau
             sich ananander freia
  saga was oim it basst aber au saga was oim gfallt
               mitanander schwätza

Meine Auga suechet di

deine Auga suechet mi

fendet sich ond bettlet stomm: „Komm"

laufa
jugga
dschogga
brommeniera
schdolbera
marschiera
schbrinda
laadscha
drambla
schiaga
hengga
dabba
fuaßla
saua
roifla
sogga
wetza
schlurga
schlorba
schdelza
schbrenga
schdeggla
schdolziera
schbazziera
schdoggala

Middanand jugga:

Dobbled so hoch

Middanand schbrenga:

Dobbled so schnell

Middanand laufa:

Dobbled so weid

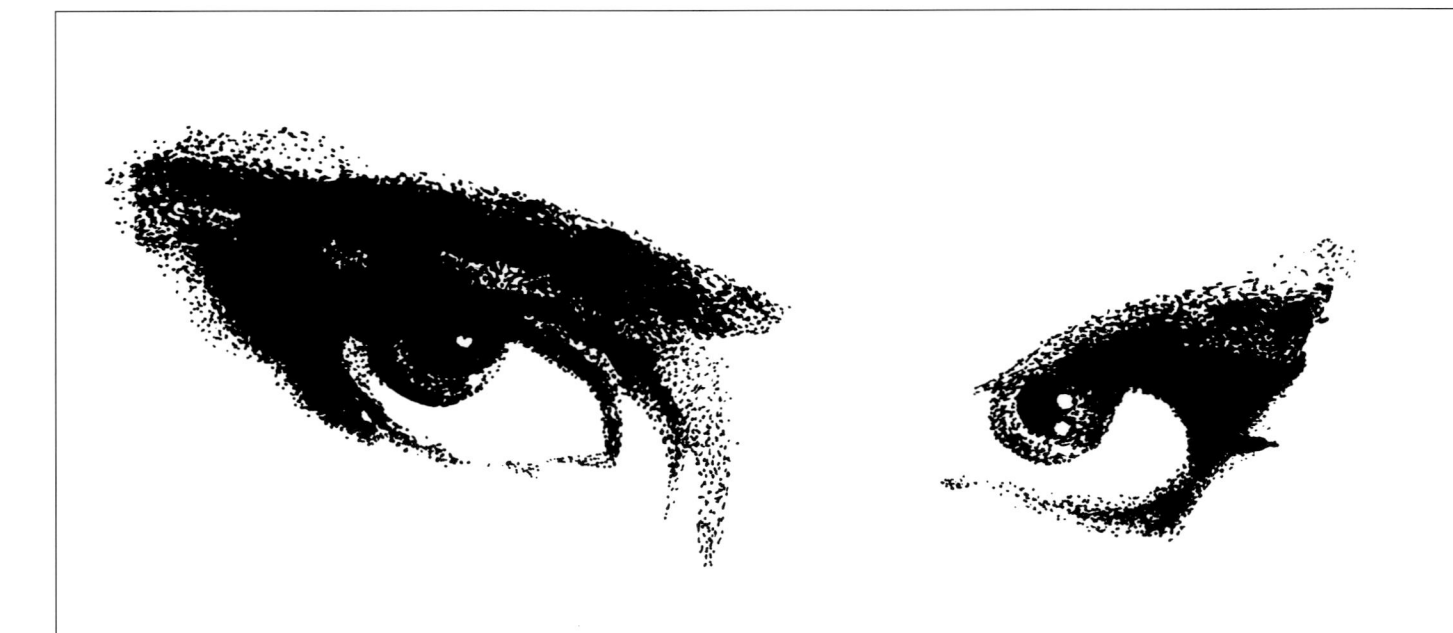

Mit am Blick goht alles a

ma juckt vor Fraid ond schreit hurra

mit am Blick goht alles a

ma isch verliabt, s isch wonderbar

mit am Blick goht alles a

Hebt s?   S hebt!

Wia gohts?

s goht so

s goht so ond so

s goht grad so

s goht amol so ond amol so

so gohts halt

so isch halt

so isch noch au wiedr

so isch noch au wiedr it

so isch noch au wiedr

so isch no au

so isch

so so

Verzähl mr niggs vo Neschdwärme, i han selbr kalte Fiaß.

Wer bloß friar jung war – isch heit alt. Etz fahred mr amol zua no seah mr scho…

A Muadder ka leichder sieba Kendr verhalta, wia sieba Kendr a Muadder.

A Millio dät i geba, wenn i jetzt a Mark hett.

Dees ischd ällaweil no besser wie ebbes, wo it so guat ischd.

Etz komm mir ganged

Mir ganged au
Mir ganged au mit
Mir ganged etz
No bleibschd halt alloi

Mir ganged etz
Komm gang mit
Sonschd send mir so alloi

1900

2000

67

D Leit: Settige ond Sottige

„Kommt jetzt Biberach?" „Noi, des kommt it, do fahred mr na!"

Fier ons isch gsorget – hot dr Vadder gsait.

Dr Nikolaus hot de gleiche Schuah wia dr Babba!

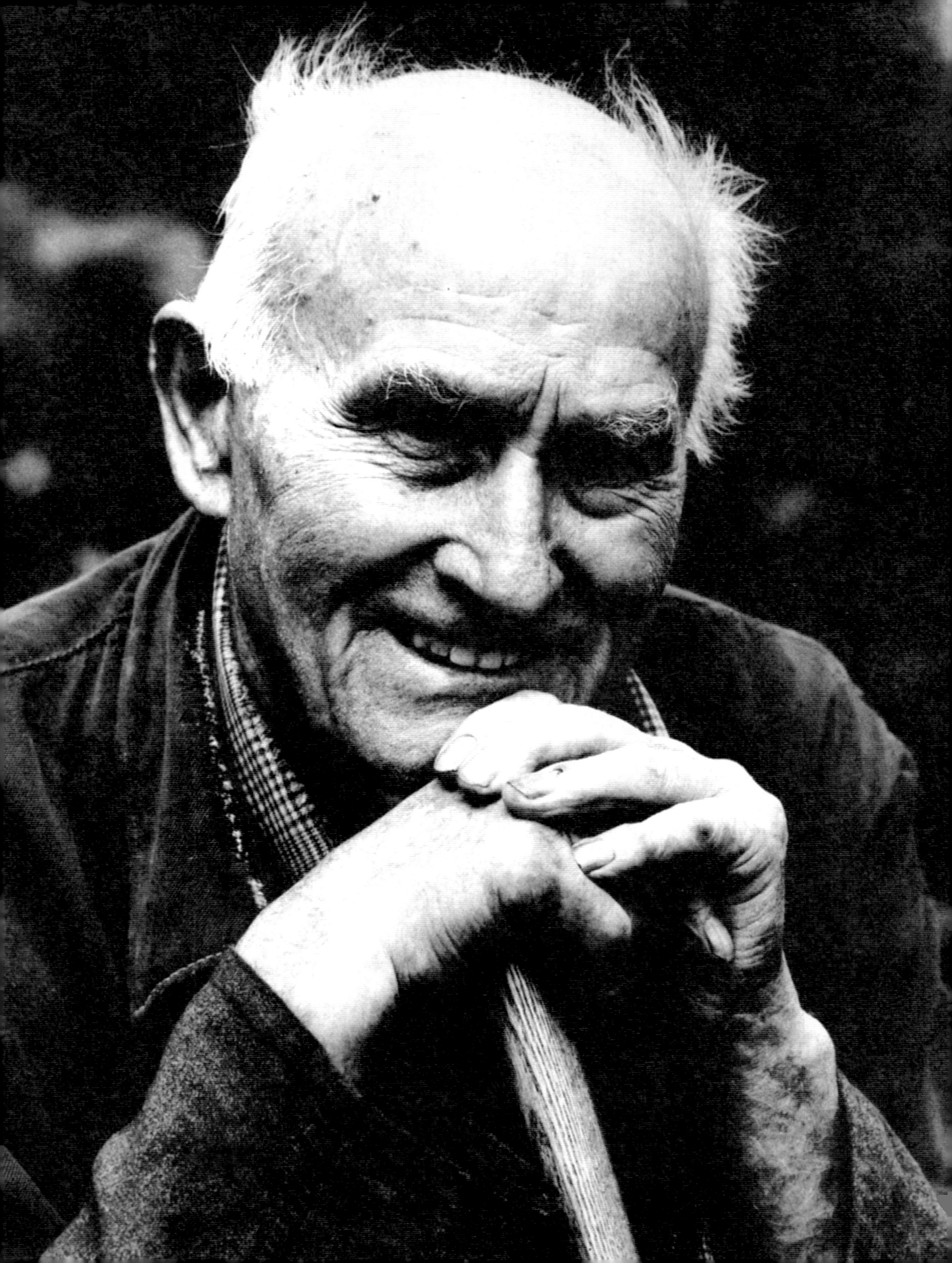

Mit sotte Leit treibt ma d Welt om ...

Se leabet ond send Leit ond leabet,
Dag om Dag, Johr om Johr,
dia siehsch it, ond hörsch it, ond merksch it
ond se saget niggs, ond moinet niggs, ond mucket it,
it amol mucka ...

Aber schaffa dont se, nalanga kennet se,
brav send se, ond ma braucht se,
s lauft niggs, wenn se it do send.
Mit sotte Leit treibt ma d Welt om,
mit sotte ...

Rolf Staedele

Schaffa ond gruaba
Arbeiten, festen, feiern

Schaffa
„Was schaffeschd?" Mit dieser Frage kann vieles gemeint sein, die Art der Tätigkeit, Arbeitssituation und Auftragslage, momentane Interessen, vielleicht sogar persönliche Befindlichkeit. Zumindest im eigenständigen *Schaffa* ist etwas von dem erkennbar, was im Begriff „Schaffen" steckt, das Erschaffen, das schöpferische, kreative Tun.

Schaffa ischd a Arbed
Jede Tätigkeit, und sei sie noch so kreativ und interessant, kann anstrengend sein und müde machen. Wer gar etwas Besonderes leisten will oder viel schafft, der merkt bald *„Schaffa ischd a Arbed"*. Der Begriff „Arbeit" ist mit Last und Mühsal verknüpft, und in ähnlicher Weise sind die Begriffe „schaffen" und „arbeiten" miteinander verwandt. Irgendwann hört der Spaß auf, und wer viel schafft, der ist am Ende geschafft, wenn er vielleicht auch glücklich ist, dass er es geschafft hat.

Diftler, Dribulierer, Droadler, Drialer und andere
Ogschaffed, ohne Arbeit kann hierzulande kaum eine(r) sein. Voller Stolz blicken die Schwaben auf ihre Landsleute, die als Tüftler, Erfinder und Unternehmer Arbeitsplätze und Wohlstand schaffen. Ja, es ist geradezu ein Persönlichkeitsmerkmal, wie einer arbeitet.
Für jemanden, der nicht gerade *wuuselig*, das heißt schnell und geschickt ist oder als *Nuale*, als arbeitswütiger Wühler oder als *Dribulierer*, Antreiber gilt, sondern im Gegenteil ungeschickt und/oder faul ist, steht ein ganzer Katalog von Ausdrücken bereit: *Droadler, Drialer, Dreckler, Gonkeler, Krauterer, Lahmarsch, Latsche, Leire, Loimsiader, Murkser, Päterlesbohrer* usw.

Schaffa ond gruaba,
das funktioniert nur miteinander. *Gruaba*, ausruhen, kann man eigentlich nur, wenn man vorher *ebbes gschaffed hot*. Wer nur ruhen, festen und feiern will, der tut sich und den anderen nichts Gutes. Für Schwaben sind solche Leute, die auf Kosten anderer leben wollen, verdächtig. *„Der ischd it von Schaffhausa"*, dieser Ausspruch sagt nichts über die Herkunft eines Mannes, aber alles über seinen Arbeits(un)willen.

It bloß schaffa ond gruaba
Schaffa, schaffa, Häusle baua... Nein so einfältig sind wir Schwaben nicht, dass unser ganzer Lebenssinn im *Schaffa*

bestünde. Nur schaffen und schuften geht schon deshalb nicht, weil Menschen nicht wie Maschinen funktionieren. *Wer schaffed, muaß au zwischenei gruaba*, ausruhen. *Schaffa ond gruaba*, das ist der Rhythmus von Arbeit und Ruhe. Schon in der Schöpfungsgeschichte klingt dieser Rhythmus an. „Am siebten Tag erklärte Gott sein Werk, das er vollbracht hatte, für beendet, und er ruhte am siebten Tag, nach all seinem Werk, das er vollbracht hatte." Gen. 2.2.

Feste
Im katholischen Oberschwaben hat man nicht nur die Sonntagsruhe geachtet, es gab und gibt das Jahr hindurch viele Feste und Feiertage: Dreikönig, Josefstag, Peter und Paul, Mariä Himmelfahrt, Allerheiligen, Allerseelen und die jeweiligen lokalen Feste, Kirchenpatrozinien, Wallfahrten und Prozessionen. Urlaub haben unsere Vorfahren nicht gekannt, den Rhythmus von *schaffa ond gruaba* aber sehr wohl. Die Aufzählung der Feiertage im Kirchenjahr und die vielen Feste, die hierzulande gefeiert werden, beweisen es, *schaffa* und *gruaba* reichen nicht aus.
Neben den kirchlichen Festen und den traditionellen Stadtfesten wie dem Bächtlefest in Bad Saulgau, „Schütza" in Biberach, dem Seehasenfest in Friedrichshafen oder dem Rutenfest in Ravensburg, sind es viele kleine und große Feste: Frühlings-, Sommer-, Herbst-, Garten-, Rettich-, Kastanien-, Feuerwehr-, Musik-, Sport-, Bähnle-, Straßen-, Dorfplatz-, Berg-, Bach-, Wald-, Wiesen-, Bier-, Wein-, Heimat-, Kinder-, Schul- und Jahrgängerfeste.
Fest und Feier weisen über den Alltag hinaus. Viele Feste haben religiösen Ursprung, manche stehen an bestimmten Abschnitten des Lebens. Alle brauchen sie und pflegen sie die Gemeinschaft. Einer allein kann kein Fest feiern. Feste verweisen auf den Sinn des Lebens, sie erhöhen Lebenslust und Lebensfreude.

Halt, da fehlt noch etwas Wichtiges. Nein sie ist keineswegs vergessen, ganz im Gegenteil, weil sie etwas Besonderes ist und länger dauert, steht sie extra da:

D Fasnet
Früher ging sie am *Gompiga, Schmotziga, Auseliga* Donnerstag los und dauerte bis zum folgenden Dienstag. Spätestens um Mitternacht, wenn dann mit dem Aschermittwoch die strenge Fastenzeit begann, war Schluss. Weil aber die vielen Narrenvereine alle ihre Umzüge halten wollen, fängt für manche *d Fasnet* gleich nach Dreikönig an.

Was die oberschwäbische *Fasnet* ausmacht, lässt sich besser erleben als beschreiben. Es empfiehlt sich ein *Fasnetshäs* anzuziehen, eine Maske aufzusetzen, auf die Straße zu gehen und dann sollte man *mitjugga*, singen, lachen, tanzen, gut essen und viel trinken. *A glickseelige Fasnet!*

S ganz Johr Fasnet?

So wie sich die Arbeitswelt laufend verändert und weiter entwickelt, ist es auch mit der Fest- und Freizeitkultur. Am Rhythmus des Kirchenjahres, beginnend mit der besinnlichen, erwartungsvollen Adventszeit, dem gemütvollen Weihnachtsfest, den ausgelassenen Fasnetstagen und der nachfolgenden ruhigen, strengen Fastenzeit, hat sich früher das gesellschaftliche Leben weithin orientiert.

Wo christlicher Glaube und Kirche keine Rolle mehr spielen, verliert auch der überkommene Rhythmus seinen Sinn und seine Kraft. Anstelle von Advent ein lichterglänzender Weihnachtsmarktrummel, *Fasnetsbändel* am Christbaum, Ostereier zur *Fasnet*, Party am Karfreitag, Halloween vor Allerheiligen, alles ist möglich, alles wird gewöhnlich, alles wird vermarktet. *S Gschäft muaß laufa.*

[SCHaffa:]
[schaffa]

[vrkopfa] [dirtla]
[ochsa] [daggla] [buggla]
[drodla] [driala]
[fuhrwerka] [hudla]
[nuala]

[gruaba.]

[gruaba] [gschdäd doa] [drweil hau] [na hogga]
[no lau] [a wengele ausgruaba] [gmiatlich macha]
[hochstuba]

Wer beim Dengla verschlooft, der verwachet beim Mäha.

Mir mit onsere 70 Schtond
hand jetzt au d 35-Schtondawoch.
Dia oine 35 Schtond schaffa mr
ond de andere 35 Schtond send Hobbie.

Bauernhöfe in Baden-Württemberg
1949: 324 000 Betriebe
1997:   81 000 Betriebe
2049: …
Dr Letschde macht s Liacht aus, no weared ihr scho sea.

S geit Sauschdäll, di ka oiner alloi gar it ausmischda.

Friar hodd oiner mit zwoi PS sein Hof leichdr verhebbd

Lehrstellen
Noch immer fehlen mehrere Zehntausend
Auch weiterhin keine Entwarnung bei den Ausbildungsstellen.

NÜRNBERG (ap) - Der Präsident der Bundesanstalt für Arbeit, Bernhard Jagoda, berichtete gestern in Nürnberg, bis Juni seien 703 000 Bewerber, aber nur 516 100 Ausbildungsplätze gemeldet worden. In diesem Jahr fehlten unter Berücksichtigung der Entwicklung in den kommenden Monaten voraussichtlich „gut 50 000 Lehrstellen". Vor allem Mädchen und Ausländer hätten es immer schwerer. Bundesbildungsminister Jürgen Rüttgers kritisierte in Bonn, es gehe ihm bei Lehrstellen „viel zu langsam bergauf." Er verglich die Juni-Zahlen 1997 und 1996 und berichtete: „Im Juni 1997 stehen wir im Vergleich zum selben Monat des Vorjahres um 45 000 Lehrstellen schlechter da." Der CDU-Politiker appellierte an die jungen Leute, nicht den Mut zu verlieren und Bereitschaft zur Mobilität zu zeigen.

Arbeitsmarkt im Juni

Die Zahlen in Baden-Württemberg von Juni '96 - Juni '97
in Tausend

Kurzarbeiter
Arbeitslose
Offene Stellen

Bezirke	Arbeitslose	in %	Kurzarbeiter	off. Stellen
Aalen	17 087	8,1	1 306	1 663
Balingen	12 349	7,9	1 091	1 174
Konstanz	12 024	7,5	499	1 378
Nagold	7 398	5,7	1 049	1 696
Ravensburg	14 561	5,7	1 095	4 728
Rottweil	9 240	7,1	627	1 257
Schwäbisch Hall	9 117	6,7	402	1 362
Ulm	9 270	6,7	289	1 747
Donauwörth	5 427	5,1	300	901
Kempten	12 516	5,7	974	1 819
Memmingen	14 021	6,3	976	1 826

Schaff ebbes! Duar ebbes! Duar wenigschtens d Hend aus em Sack!

So schee mechd es au hon

wia dia, wo koi Arbed hond

odr dia, wo koi Arbed sea welled

odr dia, wo sich vor dr Arbed drugged

odr dia, wo nix schaffa wellad

So schee wia dia …

Der alte Flaschner aus Bachhotten
Hätt die Rennen löten sotten.
Doch anstatt am Dach die Rennen
Lötet er im Wirtshaus dennen.
Er sitzt beim Bier und sitzt beim Hopfen
und lässt die alten Rennen tropfen.

Hugo Breitschmid

Bachhotten = Bachhaupten
(an der Strecke Bad Saulgau–Ostrach, zwischen Bolstern und Tafertsweiler)
Bachhaupten hat 69 Einwohner und wurde 1086 erstmals schriftlich erwähnt.
www.bachhaupten.de

Jeder mechd sei oigene Larve. Aus jeder Larve wird amol a Gsicht.

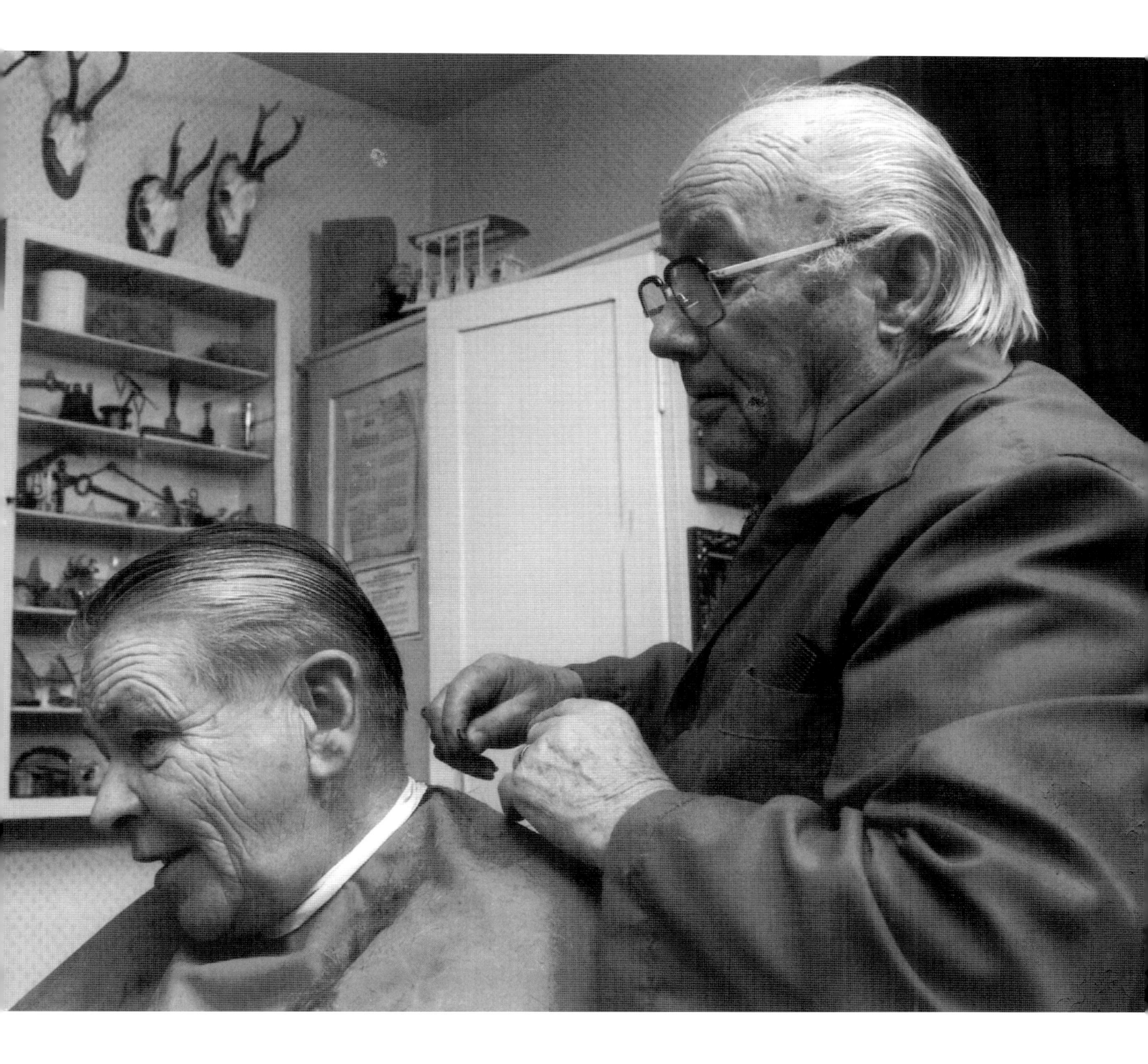

Mei Weib

ischt jetz emanzipiert, aber i no it.
Ond so sieht s bei ons dohoim au aus.

Manfred Mai

Zeit hau – Zeit lau

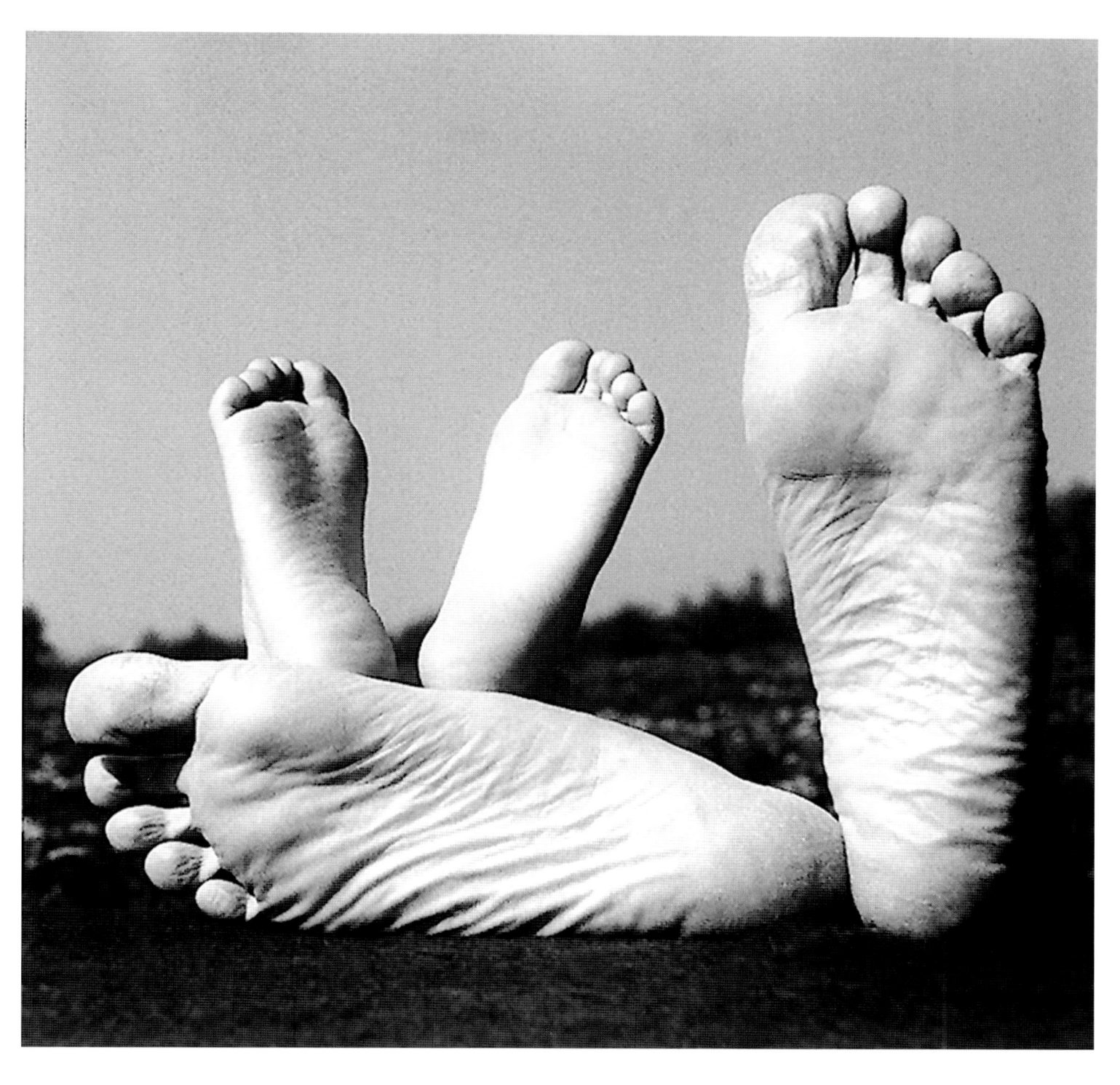

Zeit hao firanander
ond wieder mitnand schwätza ond schbiela
des wär schao wichteg, aber was witt macha
s Gschäft goht voar.

Amol a guats Buach leasa
ond des ander Zuig oefach liega lao
des wär schao wichteg, aber was witt macha
s Gschäft goht voar.

A baar Wocha Urlaub neamma
ond noch so richteg abschalta vo ällam
des wär schao wichteg, aber was witt macha
s Gschäft goht voar.

Mae uf d Gsondhoet gugga
ond liaber a Sitzong Sitzong sei lao
des wär schao wichteg, aber was witt macha
s Gschäft goht voar.

Em Alter nomol richteg leaba
ond ällas nochholla, wa ma vrsommt hot
des wär schao wichteg, aber was witt macha
s Gschäft goht voar.

Ond wenn s noch ans Schterba goht
oefach „Ade" saga ond gao
des wär schao wichteg, aber was witt macha
s Gschäft goht voar.

Manfred Mai „Do kaasch nemme"

A schwers Los

Mir isch jo schao reacht, wenn mei Weib viel schaffad.

Bloß dass i äwwl drbei sitz

ond a schleachts Gwissa kriag, des ärgrad me.

Manfred Mai

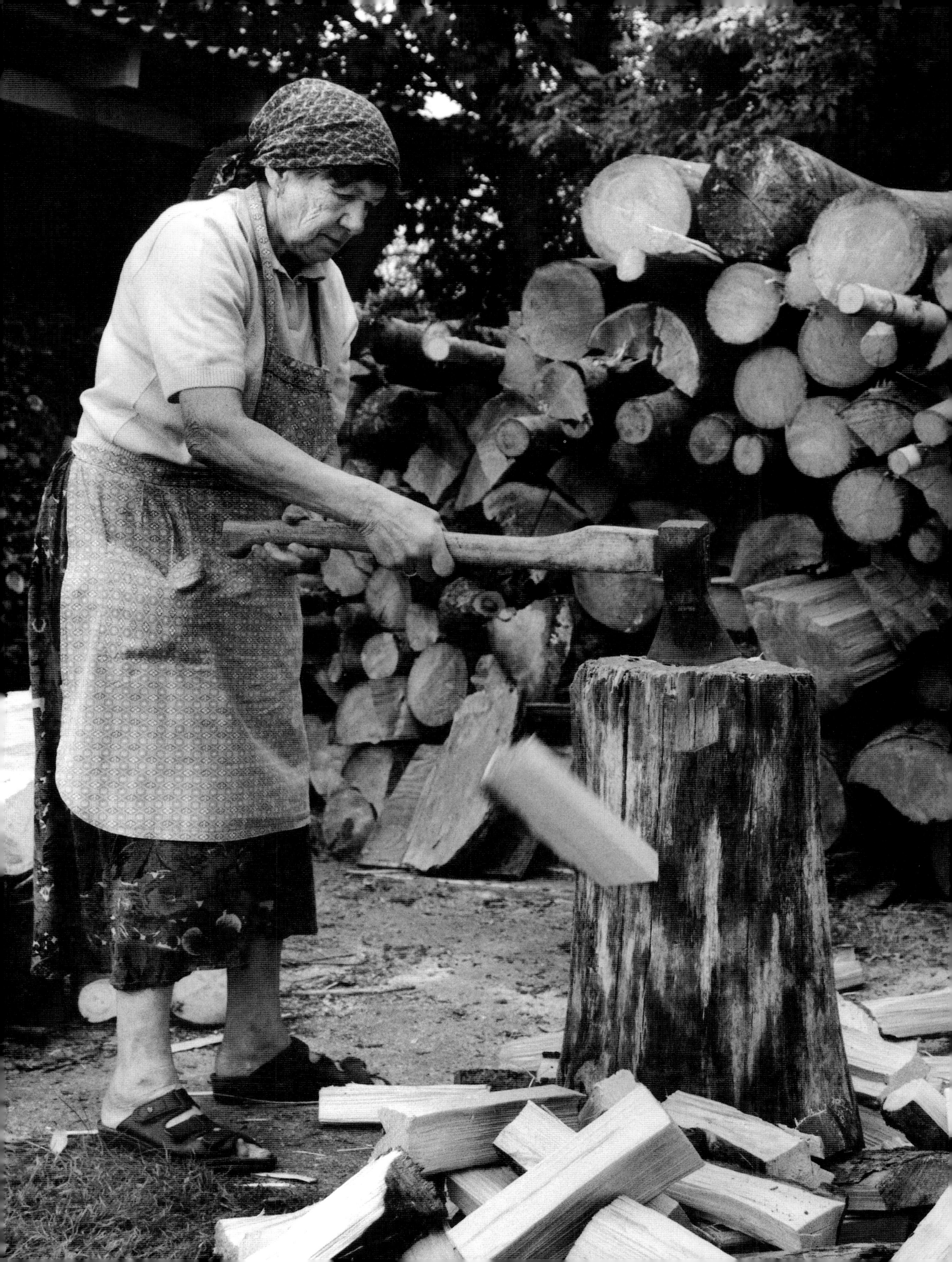

Schaffa ond gruaba

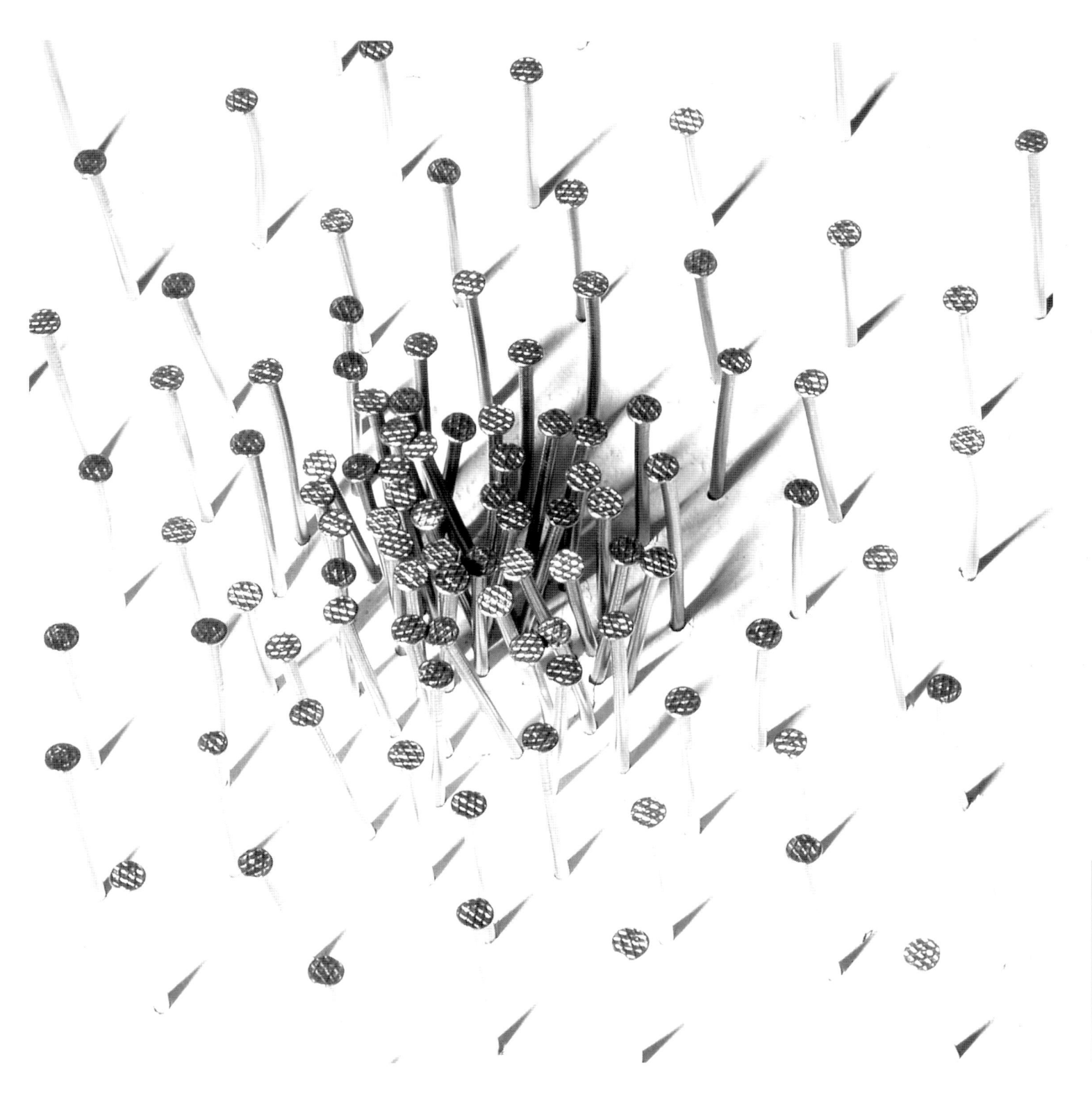

Wer bloß en Hammer kennt – bei dem ischd älles en Nagel

Nix hau wär a ruhige Sach

Ma sott it erscht naloina, wenn d Luft hussa isch!

Wenn s schaffa leicht wär, dät s dr Schultes selber!

A Riahle good iebr a Briahle

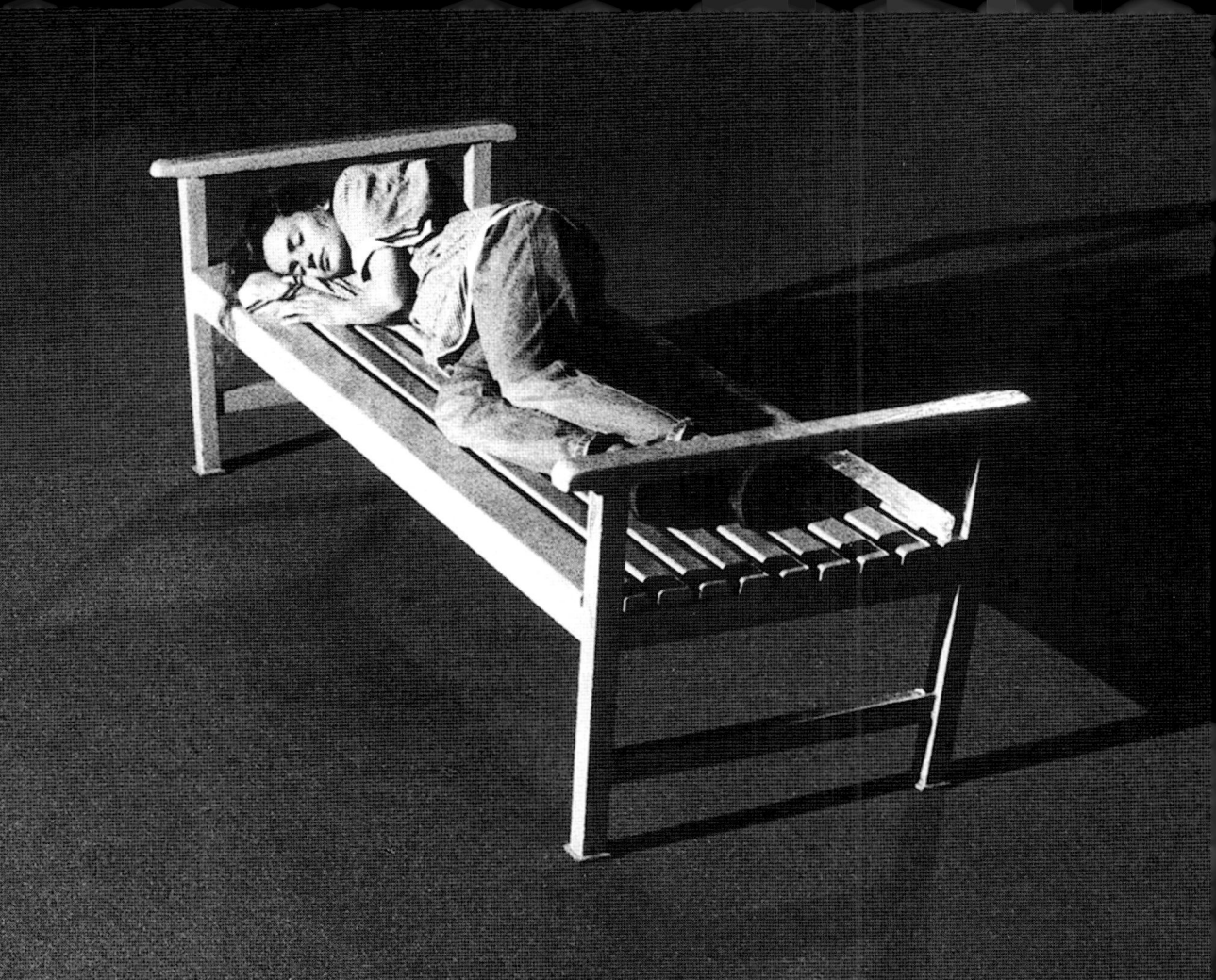

Oine kennted schaffa ond wellet it, andre weddet schaffa ond kennet it.

Luftschlesser – dia soll no jeder selbr baua

Blutfreitag
Der Freitag nach Christi Himmelfahrt in Weingarten

Lichterprozession am Abend des Himmelfahrtstages

Wie ein riesiger leuchtender Faden zieht die Prozession durch die dunkle Stadt. Tausende von Menschen sind unterwegs, betend oder schweigend mit ihren farbigen Windlichtern. Auf die hellen Stimmen der Vorbeter aus den Lautsprechern kommt die Antwort gedämpft in vielen Tonlagen: „Heilige Maria, Mutter Gottes, bitte für uns Sünder, jetzt und in der Stunde unseres Todes, Amen." Der Zug mündet in einem Meer kleiner flackernder Lichter auf dem Kreuzberg. Nach Litanei, Andacht und feierlichem Segen verglimmen die Lichter.

Die Wallfahrer gehen den Berg hinunter, manchen tun die Beine weh vom langen Stehen in der Basilika und auf dem Kreuzberg.

Reiterprozession

Leicht ist es nicht, in die Stadt hineinzukommen. Seit dem frühen Morgen stehen die Umleitungsschilder und die Polizeiposten im Weg. Wenn es dann doch gelungen ist, das Auto am Stadtrand abzustellen und nach langem Fußmarsch näher zu kommen, ist man dabei: Dichte Zuschauerreihen, Klänge der Blasmusik, rhythmisches Geklapper der Pferdehufe und dann dieser eigenartig süßliche Gestank der Roßbollen. An den kostbaren Standarten der Reitergruppen lässt sich ihre Herkunft ablesen: „Baindt, Bavendorf, Berg, Bergatreute, Biberach, Binzwangen, Blitzenreute, Bodnegg, Bad Buchau ...", alphabetisch wohlgeordnet, 101 Gruppen sind es in diesem Jahr, zirka 3000 Reiter. Braune und Rappen – der Apfelschimmel ist dem Pfarrer vorbehalten –, temperamentvoll tänzelnd oder ruhig trabend ziehen sie vorbei, elegante sportliche Pferde, darauf die Reiter, wiegend

im Rhythmus der Pferde. Stolz von oben herab blicken sie, andere ernst und müde, alte und junge Männer in Frack und Zylinder.
Zu knapp ist er, der Frack des Urgroßvaters für den jungen breitschultrigen Reiter. Vielleicht lässt sich bei eBay fürs nächste Jahr etwas Passenderes finden.
Standarten und Schärpen leuchten als farbige Tupfer im feierlichen Schwarz. Gruppe um Gruppe ziehen sie vorbei, dazwischen die Musikkapellen mit Trompetengeschmetter und Trommelwirbel, im Gleichschritt treten sie den Rossmist breit.

Im Café
Zwei Reutlinger im Zwiegespräch

Dia viele Pferd – Do isch halt no viel Landwirtschaffd – A wa, dia hend heit alle ihre Traktora, dia Pferd kommet von de Reitverei – S Großartigschde war doch des Pontifikalamt – Dees derf blos en Bischof macha. Der Bischof mit seiner Bischofsmitz, der Chor ond des Orchester ond dia Pfarrer mit ihre rote Gwender, ond dia Orgel ond dia Glocka – D Leit hend sogar dreimol klatsched – Mir kommt s vor, wia wenn dia Leit em Oberland frehlicher wäred, wia mir em Unterland – Vielleicht kommt des vom Kadolischa – Ebbes bsonders isch dees scho

Wia ma schwätzt – und redet

**Wir können nicht nur Hochdeutsch,
wir sprechen auch schwäbisch**

So könnte vielleicht in einigen Jahren, spätestens in einigen Jahrzehnten Werbung gemacht werden von Leuten, die noch *schwäbisch schwätzet*. Denn das bemerken alle, die aufmerksam das Sprachverhalten beobachten: *D Leit*, vor allem die jungen Leute, *schwätzet nemme* so wie früher. Schwäbisch ist out.

Die Sprache in Oberschwaben ändert sich. Im Jahr 1964 konnte ich noch beobachten, dass auf manchen Einzelhöfen um Vogt herum anders gesprochen wurde als im Ortskern. *S Hus* und *d Lütt* und *d Kind* hieß es da, im Ort dagegen *s Haus* und *d Leit* und *d Kender*. Das Ältere, mehr Alemannische hatte sich draußen noch gehalten, es ist inzwischen aber wie anderswo dem Schwäbischen gewichen. Das Schwäbische sei näher an der Schriftsprache sagen viele, außerdem *schwätzt* man so in Stuttgart, Tübingen, Reutlingen, Biberach, Ravensburg, so wie man halt in den schwäbischen Städten und *Städtla schwätzt*, dieses Schwäbisch der Fernsehsendungen, das möglichst auch jeder Nichtschwabe sofort versteht. Abgeschliffen, geglättet, angepasst ist dieses Schwäbisch, mehr und mehr der Schriftsprache angenähert. Das Eigentliche der Mundart, das Bildkräftige und Farbige, in langen Überlieferungen gewachsene, von Ort zu Ort verschieden, das verblasst immer mehr.

Wer schwätzt denn noch so, dass man genau merkt, wo er herkommt, vom *Hafa* (Friedrichshafen) oder *vo Weigada* (Weingarten) oder *vo Sulga* (Bad Saulgau) oder *vo Laupa* (Laupheim) oder *vo Wuuza* (Bad Wurzach)?

Woran es liegen könnte,

dass manche *Schwoba nemme schwäbisch schwätzet*. Die Medien sind es, die Schulen gehören dazu, das Durchmischen der Bevölkerung, das Anwachsen des Englischen zur Weltsprache: all dies trägt zum Verblassen und Verschwinden der Mundarten bei. Im Elsass seien es nur noch 1 % der Kinder, die Mundart reden. Letztlich sind es *Leit*, denen die Mundart als etwas Altes, Hinterwäldlerisches, Primitives vorkommt. Mütter, die mit ihren Kindern *hochdeitsch schbreched*. Lehrer, die Mundart gering schätzen. Karriereleute, die ihre Herkunft verleugnen. Angsthasen, die sich nicht trauen, es könnte ja einer merken… Angesehen ist das Schwäbische ja (noch) nicht und fast so unbeliebt wie das Sächsische.

Mundart ist die Goldwährung der Sprache,
sagt Martin Walser.
„Armes Hochdeutsch, flache Schriftsprache, wie stehst du da mit deinen mageren Vokalen, mit deinem pedantischen Zwang, jede Silbe gleich wichtig zu nehmen, mit deiner Kanzleigrammatik, deinem bleichen Gesicht! Und wie orgelt da der Dialekt!"
So schreibt Martin Walser im Nachwort zur Gedichtsammlung des verstorbenen August Mohn, Land- und Gastwirt in Daugendorf.
Waas moischd? Wass moischd? Die erste Formulierung drückt das Unverständnis aus, die zweite fragt nach der Meinung. Ob einer *nakeit* oder *naakeit* ist, zeigt den Unterschied zwischen hingefallen und hinabgefallen. Nicht nur die Betonung der Vokale ist es, auch der reichere und bildhafte Wortschatz, den die Mundart (noch) bietet. Und wem das Schwäbische ein Rätsel ist oder wer gar meint, das Schwäbische sei zweitrangig, der sollte einmal in den Büchern von Wolf-Henning Petershagen schmökern „Schwäbisch für Besserwisser", „Schwäbisch für Durchblicker" oder „Schwäbisch für Superschlaue". So ganz *haelenga* wird dann klar, die schwäbische Mundart ist uralt, sie ist aus vielen Quellen gespeist und sprudelt in unterschiedlichen Gewässern. Ob sie in Rinnsalen langsam versickert? Ob sie kraftvoll, Altes wegspülend und Neues aufnehmend, weiter strömt? Wer weiß?

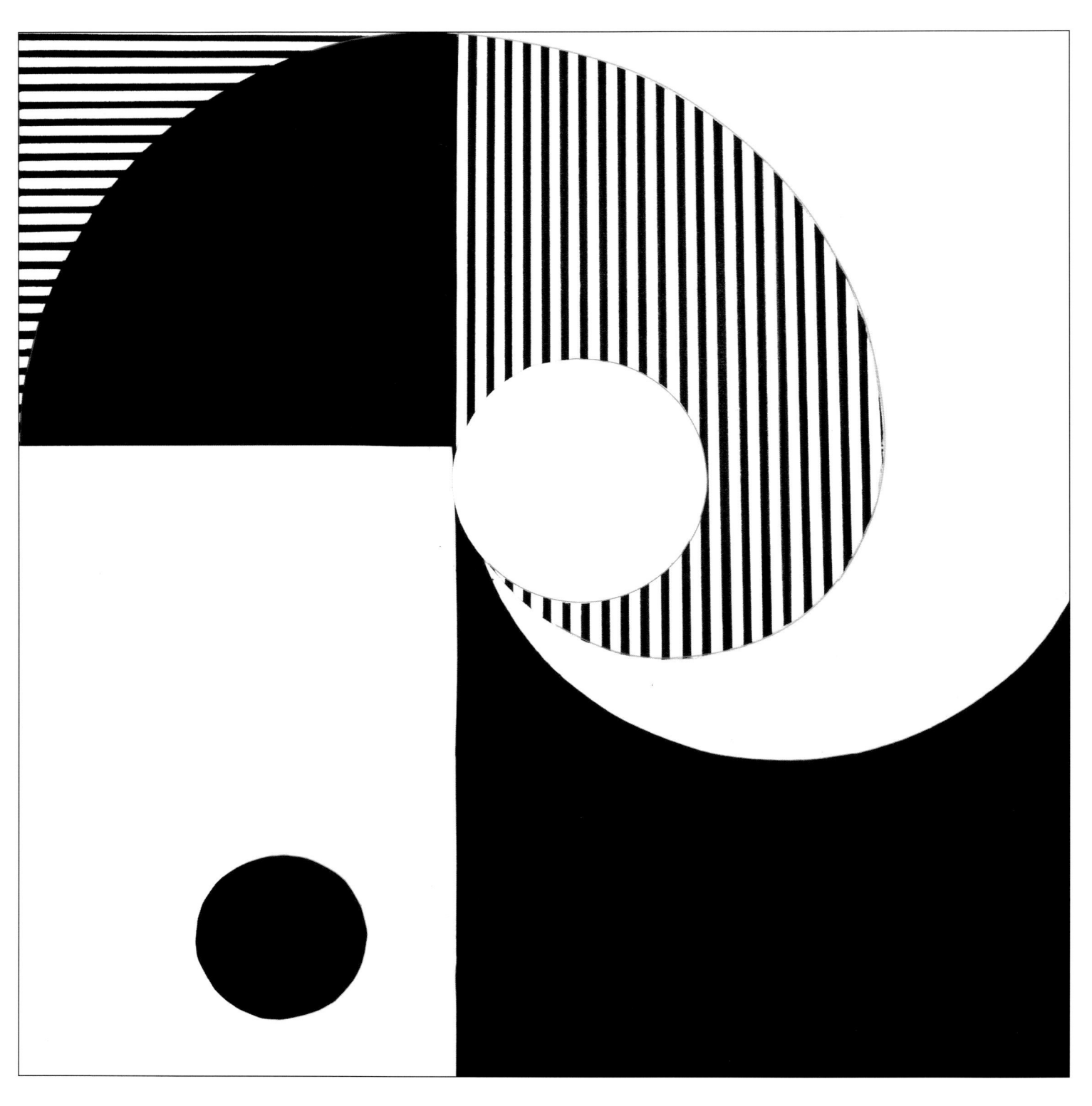

Auf da Pongt brenga

da richtiga Schdandpongt suacha

da richtiga Zeitponkt fenda

des wär s

des sott ma kenna

des sott ma doa

an de richtige Schdella

en dr richtiga Zeit

en Pongt macha

Augadeggel, Blärhäge, Combjudrtaschdadur, Doigbolla, Entaklemmer, Fasnetskiachla, Gruschd

Hennadäbberle, Ieberboi, Koog, Ladudr, Mäschgerle, Nehne, Ohrawisaler, Preschdleng, Riesala

Siach, Trialer, Ugrechate, Versuacherle, Wochadippel, Xälz, Zibeba, aufmugga, beffzga, daggla

ebbes, furzdrogga, gräg, hählenga, ieberse, jugga, käfera, läbbrig, meichdala, noddla, oizacht

pääb, riegeldomm, schugga, triebuliera, ummasuschd, vrliggara, wonderfitzig, zemma

Wemma sich Zeit nemma dät

zom Leasa ond zom Denka

ond zom Schwätza,

no dät ma manches verschdau.

S isch amol a Mahle gwea
ur ur alt

hot a nackets Ärschle ghet
eiszapfakalt

Enne denne
dubbe denne
dubbe denne dalia
ebbe bebbe bembio
bio bio buff

Kädderle duad Henna nei
loat dr Goggeler hussa
bindt en an a Schnürle na
und führt en uff da Bussa

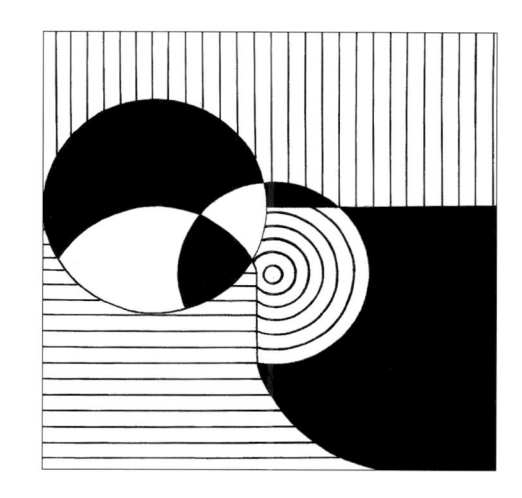

Enserle zenserle
zizerle zäh
aichele baichele
knell

Anna Becka Zusele
wia machd ma denn dr Käs?
Ma duad en in a Kiebale
und druggt en mit em Fiedale
drom isch dr Käs so räs!

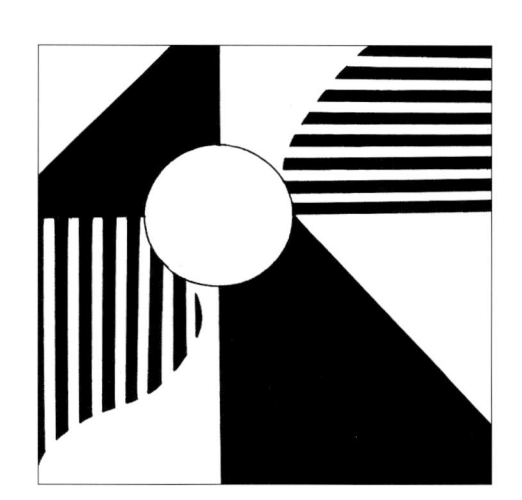

Bei ons dohoim isch s vornehm:
Do fehrt ma mit dr Schees.
Dr oine Gaul, der sieht niggs,
dr andre isch nervees.
Dr Kutschr, der isch bugglig,
dia Räder dia send grumm
ond älle fünf Minuta
do keit dr Karra um.

KOMM
KOMM GANG
KOMM GANG MR
KOMM GANG MR WEG

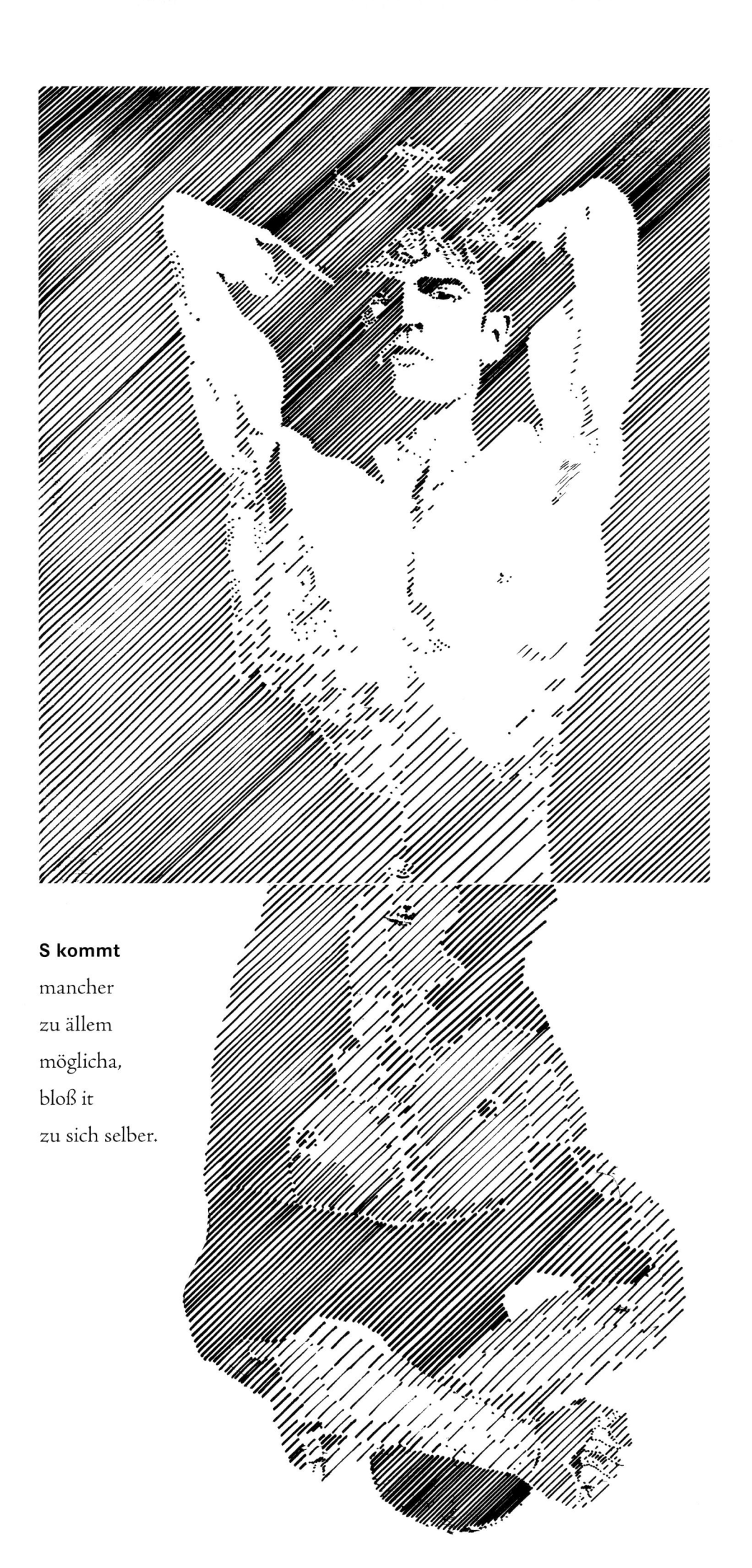

S kommt
mancher
zu ällem
möglicha,
bloß it
zu sich selber.

dr Will   ka vill

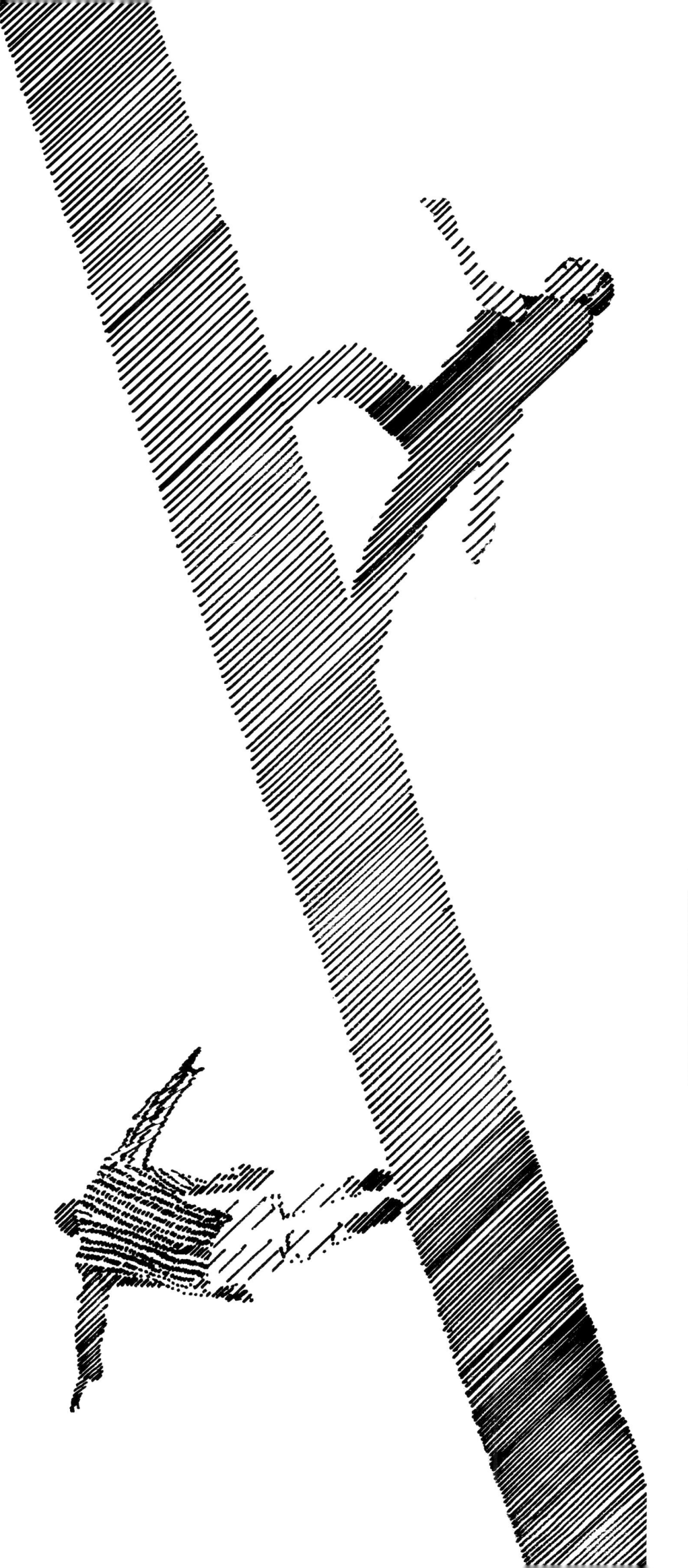

Als Kendr

hemmr s oft brobiert:

oimal ieber dr

oigene Schatta sprenga.

Komm trau di –

z letscht goht s!

Schderba ond heira muass ma alloi

So isches

So isch.
So isch des.
So, so.
Wer hät des denkt?
Ma sot s it fr möglich halta,
aber so isch halt.

So isch halt.
So isch halt noch au wieder.
So isch halt heutzutag.
Do kasch nix macha.
So isch halt.
So isch.

Dr Hemmel isch wellaweg blau, au wenn d Maulwürf blend send.

So an tiafa Eidruck macha
so a Spur hinterlassa
des ka it jeder.

Moinsch?
Wart amol, bis d Sonna scheint.

S wead doch om Gotts Willa it älles so komma, wia s d Leit wellet.

D Zeit

Dia Zeituhr goht so still und gstät,
Du hairscht koi Rädle goura,
Doch aih du dra denkscht, hot se s dreht,
Du merkscht as mit Bidoura,
Dass s Jährle frei verlaura n ischt
Und du deim end vill näher bischt.

Zwor wenn a n Aunglück uff der reitt,
Muascht freile Lankweil kriaga;
Doch hoscht halbwegs a guati Zeit,
Noch saischt, ma seah sie fliaga,
Und jomarascht, dass so a Ma
Wia du, dia Zeit ih binda ka.

Du eilscht und schaffscht, und wenn der will,
Wead ghousat, vill verworba,
Uff oimol stoht do s Rädle still
Und s hoißt: „der Ding ischt gstorba",
Dei Housa, Bruadar, hot a n End,
Dei Zuig, des kommt in andre Händ.

Ma lobt und schilt a Weile noh –
S wead gmoingli redli gmessa –,
Noch kommt no diar der So und So,
Und du – bischt rei vergeassa.
A Fremder lait dein Kittel a,
Schreibt uff dei Tür sein Nama na.

Michel Buck

sinniera, salbadra
Schmarra
schlorpa, schdrähla
Schbruchbeitl
Schlangafanger
Schladdohre, socka
Scheraschleifer
Soifasiadr, Schpleissa
saumäßig, schderrig
schdichla, sellaweag
schbrenga, saua
schiaga, schwanza
schdriala, suggla, Schuuz
schdragga, Schläbber
Sonndigsgeld
Sonndigsschuah
Sonndigshäs, Schaffhäs
soichnass, schlotza
schmirba
schäbbs, Schittschdoi
schmecka, Siach
schmotzig
Schdubakammr
Schupfnudla
Schnitzbriah, Schbätzla
schaba, schnaigig
schnefzga, Schnapskarra
schnättera, Schräufle
scheppera, Sempelfransa
Schnalla, Schierhoka
Scheiterbeig
Sandelgschirr, sandla
Schbennaweaba
Schdockhafa
Schmalzkachel
sodele

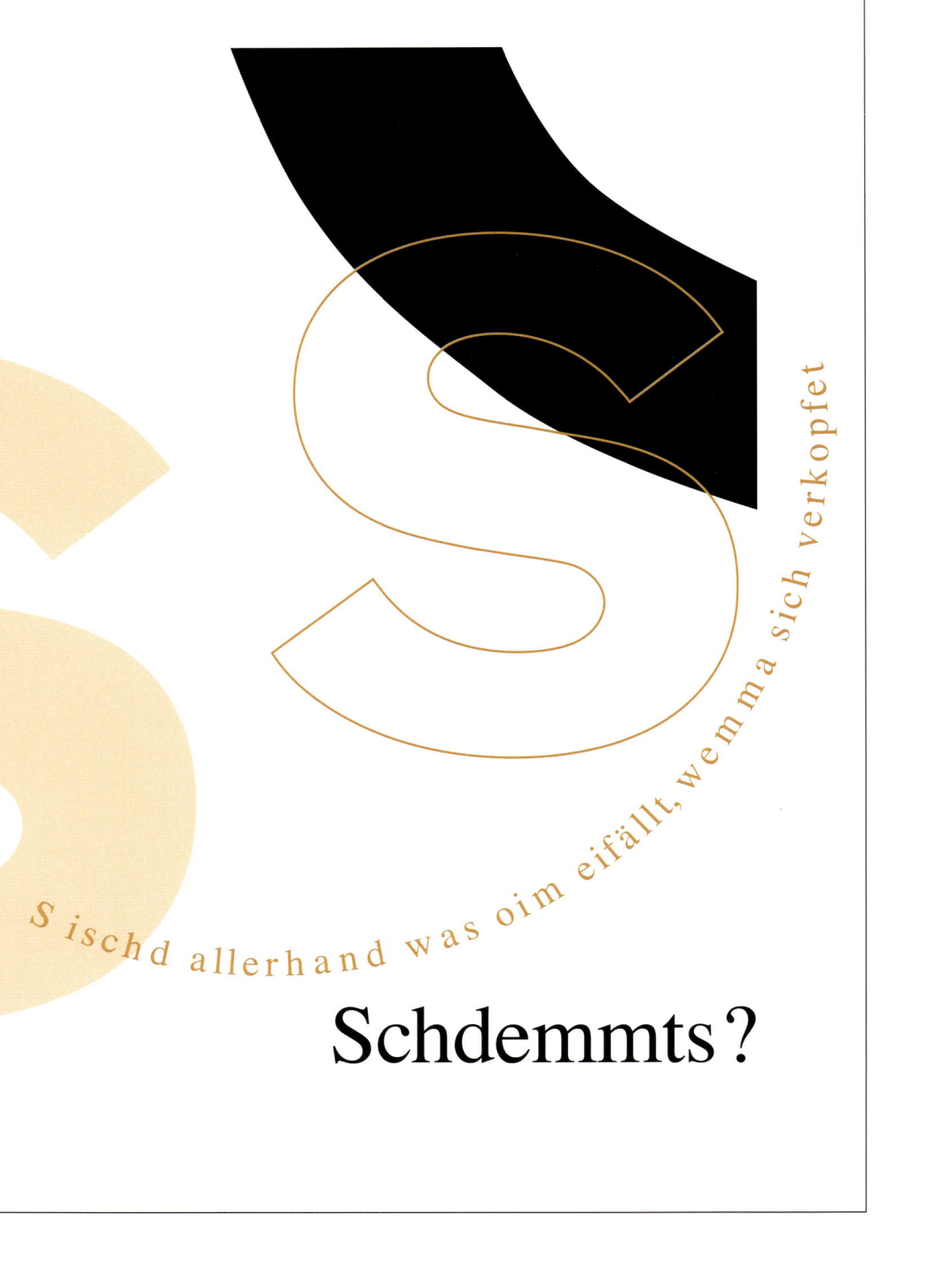

S ischd allerhand was oim eifällt, wemma sich verkopfet

Schdemmts?

Schwòbà im Hafà!

Warum man in Friedrichshafen schwäbisch schwätzt und it seealemannisch oder auch: Wià d'Hofinger und Buchhorner ihr Seealemannisch verlerned hond

Von Peter Faul

Friedrichshafen gilt als eine schwäbische Stadt am Schwäbischen Meer. Die „*Häfler*", wie man die Einwohner Friedrichshafens nennt, schwätzen überwiegend schwäbisch und nicht alemannisch. Das war allerdings früher anders:

Die Geschichte Friedrichshafens beginnt mit der alemanischen Landnahme im 3. Jahrhundert nach Christus. Die erste alemannische Siedlung wurde wohl zwischen 270 und 300 n. Chr. im Bereich der heutigen Werastraße im Stadtteil Hofen errichtet. Und wie *schwätzten* die suebischen Alemannen aus der Werastraße? Alemannisch!

Buchhorn im Bereich der heutigen Friedrichshafener Altstadt wurde 1275 zur Reichsstadt erhoben. Und die Bürger dieser kleinen schwäbischen Reichsstadt schwätzten gleichermaßen alemannisch!

Auch als sich ab dem 13. Jahrhundert das heutige Schwäbisch aus dem Alemannischen weiterentwickelte, blieb die Sprache in Buchhorn und Hofen am Bodensee Alemannisch, sozusagen „Altschwäbisch", und machte diese Sprachveränderung nicht mit. Bis zum Ende des Heiligen Römischen Reiches blieb das Alemannische die Mundart der Buchhorner und Hofener. Daran konnte das wechselvolle Geschick der kleinen katholischen Reichsstadt und des Klosters Hofen mit Stadtbränden, Kriegszerstörungen, Pest und Tod nichts ändern.

Erst mit den durch Napoleon verursachten großen politischen Umwälzungen, die unter anderem zur Bildung des Königreiches Württemberg und des Großherzogtums Baden führten, wurde eine Entwicklung in die Wege geleitet, die insbesondere im heutigen Friedrichshafen das Alemannische weitgehend verdrängt hat.

Den Beginn dieser Entwicklung leitete der Wille des württembergischen Königs Friedrich I. ein, in seinem neu geschaffenen Königreich auch einen Handelshafen am Bodensee für den Warenverkehr mit der Schweiz zu besitzen.

Am 17. Juli 1811 wurden der Ort Hofen und die Stadt Buchhorn zu „Schloss und Stadt Friederichs = Hafen" vereinigt. Die Stadt zählte damals etwa 750 Einwohner.

König Friedrich I. förderte die Stadt, die seinen Namen trug, in besonderem Maße. Er ließ ein Stadtentwicklungs- und Ansiedlungsprogramm ausarbeiten, das Neusiedler von

Steuern und Militärdienst befreite. Aufgrund dieser Bevorzugung der Neubürger kam es immer wieder zu Reibereien zwischen Alteingesessenen und Neubürgern. Eine Anekdote erzählt, dass im Gasthaus „Kreuz" alteingesessene Seealemannen zusammensaßen und sich an die gute Zeit erinnerten, als es noch keine „Reingschmeckten" aus dem Unterland in der Stadt gab. Da widersprach ein Neubürger: „*Was wollàt Ihr sagà! Als i in dr Hafà kommà ben, hat's in dr ganzà Schtadt nò an koinr Dür à Schloss und an Schlissel ghet!*" Darauf entgegnete der alteingesessene Wirt: „*Eh, do – mir hond keine Schlösser und Schlissel brucht, mir hond erst Schlösser und Schlissel brucht, wo di Fremde kommà sind!*"

Zu den ersten Ansiedlern zählten auch 18 evangelische Neubürger, die in die bis dahin vollständig katholische Gemeinde kamen. Von 1812 bis 2000 stieg die Zahl der evangelischen Bürger Friedrichshafens auf etwa 13 000 – ein entscheidender Faktor für die Veränderung der Dialektverhältnisse, da die württembergischen Protestanten überwiegend schwäbisch sprachen!

Das Königshaus Württemberg hatte einen sehr großen Einfluss auf die Stadtentwicklung und damit auf die Sprachentwicklung in der Stadt. Letzteres allerdings nur indirekt. Die königliche Sommerresidenz bescherte Friedrichshafen in den Sommermonaten eine stattliche Zahl von Ministern, Beamten und Hofangestellten. Diese quartierten sich zum Teil zeitweise in Friedrichshafen ein, zum Teil ließen sie sich mit ihren Familien auch ganz in Friedrichshafen nieder. In der Folgezeit wurde Friedrichshafen bald zu einem der beliebtesten Ferienorte Württembergs. Die königliche Sommerresidenz mit einem königlichen Hofstädtchen bedurfte selbstverständlich einer dem Königshause und den Honoratioren angemessenen Sprache – Honoratiorenschwäbisch.

Die Stadt wuchs; 1871 gab es in Friedrichshafen 2 827 Einwohner – in den 60 Jahren seit der Gründung von Friedrichshafen hatte sich die Einwohnerzahl vervierfacht. Und dies vor allem durch den Zuzug von „*Reingschmeckten*", die den schwäbischen Dialekt mitbrachten. Dieser galt als vornehmer, da er der Schriftsprache näher stand als das Alemannische.

Das Schwäbische breitete sich im alemannisch sprechenden Oberschwaben entlang der Bahnlinie der Schwäbischen Eisenbahn zuerst in den Städten aus. Es entstand dort ein Stadtschwäbisch, das den ursprünglichen alemannischen Dialekt zurückdrängte. Das Um- und Hinterland der Städte wurde von dieser Entwicklung zunächst nicht berührt und blieb so lange alemannisch, wie es keinen fremden Einflüssen ausgesetzt war.

Für Friedrichshafen darf man sagen, dass in den ab 1811 neu gebauten Häusern, Siedlungen und Stadtteilen überwiegend Menschen schwäbischen Zungenschlags einzogen. In den alten Stadtbezirken, Weilern und Höfen wird dagegen im Privaten noch lange alemannisch gesprochen. In der Öffentlichkeit setzt sich aber durch die Residenz, die beginnende Industrialisierung und den Fremdenverkehr immer mehr ein Honoratiorenschwäbisch bzw. ein lokal geprägtes Hochdeutsch durch.

1898 stellte König Wilhelm II. dem Grafen Zeppelin an der Manzeller Bucht ein Gelände für dessen „Gesellschaft zur Förderung der Luftschifffahrt" zur Verfügung.

Mit dem Grafen Zeppelin begann in Friedrichshafen das Industriezeitalter. Der wirtschaftliche Aufschwung und Erfolg des Zeppelinkonzerns zog Tausende von Arbeitskräften aus ganz Deutschland nach Friedrichshafen, womit sich die Bevölkerungszusammensetzung wieder stark veränderte.

Mit dem durch den Zeppelinkonzern einsetzenden Zuzug von Arbeitskräften aus ganz Deutschland wurde das Seealemannische noch mehr zurückgedrängt – und auch wenn sich dafür das Schwäbische etablierte, so musste auch es die Konkurrenz der Hochsprache fürchten.

Ein Gutteil der Arbeitskräfte der Häfler Industriebetriebe kam aus dem Umland, so auch aus Oberteuringen, das durch die Teuringer Talbahn verkehrstechnisch an Friedrichshafen angeschlossen war. Die Teuringer Talbahn wurde von den ortsansässigen Oberteuringer Bauern und Handwerkern in ihrem alemannischen Dialekt als „*Fuulenzerziigle*", als „*Faulenzerzügle*", bezeichnet, weil mit ihm die „*Faulenzer*", also die Industriearbeiter, statt zum harten Arbeiten aufs Feld zum vermeintlichen Erholen in die Stadt fuhren.

Die Eingemeindungen von bisher selbstständigen Ortschaften trugen im gleichen Maße dazu bei, dass das Seealemannische weiter zurückgedrängt wurde. Gemeinden, die von der bevölkerungspolitischen Entwicklung Friedrichshafens bislang weitgehend unberührt geblieben waren, gehörten nun zur Stadt Friedrichshafen. Damit wurden die alten Organisations- und Kommunikationsstrukturen aufgebrochen – und auch hier musste das Seealemannische seinen Rückzug antreten.

Im Jahr 2007 wohnen in Friedrichshafen über 57 000 Menschen mit einem Ausländeranteil von etwa 13 % aus 107 Nationen. Der Anteil der schwäbischen Bevölkerung in der Stadt überwiegt – noch. Das Seealemannische, das über 1500 Jahre die Sprache der Buchhorner und Hofener gewesen war, ist in der Kernstadt kaum noch wahrzunehmen.

Postscriptum: Die Sprachveränderung vom Seealemannischen zum Stadtschwäbischen lässt sich in einem Text nur beschreibend und auch nur ansatzweise aufzeigen. Zur Erhellung des Sprachwandels finden sich im Buch „Schwaben in Friedrichshafen", das als Grundlage dieser Kurzdarstellung dient, viele Dialekttexte und -beispiele, unter anderem das einzigartige seealemannische und stadtschwäbische Häfler Lexikon mit einer Hörversion auf DVD, das über 800 Lexemeinträge umfasst – hier ein paar wenige Auszüge:

Seealemannisch	Stadtschwäbisch	Schriftdeutsch
aabläkà	aschreià	anschreien, nerven
äbegòng	nabgangà	hinuntergehen
Bäàtliddà	Bätleidà	Betläuten
Birràbòmm	Biaràbaum	Birnenbaum
Bòntscher	Gaul	Ackergaul
Doggàbaabà	Pipplà	kleine Püppchen
Fiidig	Feierdag	Feiertag
Grutt	Graut	Kraut
häànnà	hiebà	herüben, diesseits
Hafàwaar	Hafàwar	Kinderschar aus Friedrichshafen
hòàkle	hoigl	heikel
Käàrschdäàgà	Källerdräbbà	Kellertreppe
Kämmekäs	Rauchfloisch	Rauchfleisch
moànamorgà	morgà friàh	morgen früh
näämmes	ääbbes	etwas
Schoos	Schurz	Frauenschürze
undersiibrse	durchànand	drunter und drüber
Ziischdig	Dinschdag	Dienstag

Peter Faul (Hrsg.): „Schwaben in Friedrichshafen" oder
„Wià d' Hofinger und Buchhorner ihr Seealemannisch verlerned hond". Friedrichshafen: Gessler 2006.

Wemma wisst, was dia em Kopf hent

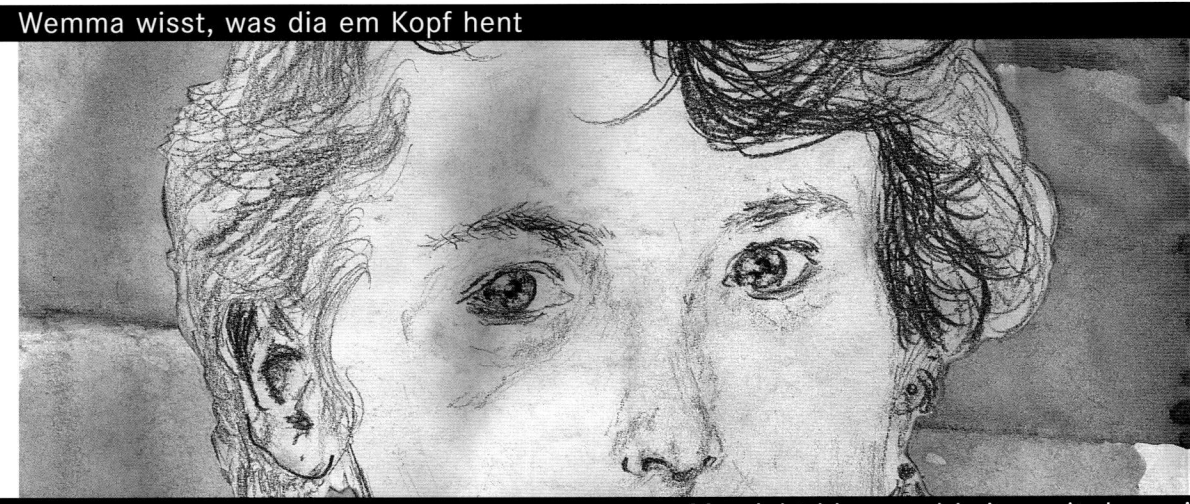

Ma sieht blos an d Leit na, it dre nei

Ma sot it älles saga, was ma denkt, blos sot ma denka, was ma sait

Frog me it, no liag i it

Manche fällt Zuig ei, des schtoht en koim Kalender

gell gucka Gruschd gotzig
Glomp gruaba Glonker
gschlamped gäggela
gäggela glopfa gäggela gucka
Glüschd Gompa
glepfa Glugga glepfa
gräg Gischd Guscht
Grotta Goischd falsch
gräg Gotte Gotta gschdombed
Griabaschmalz
Gotta grompa Gräbele
Gette Griabom
gäggela
grottafalsch s geit Sette ond Sotte
glei Gebbel granadamäßeg Guddr
Gsälz Gillafass
grampa Glugger
Gsälz
Goggeler
gschdombed gschlamped
grottafalsch gschuggd
grompa glepfa
grottafalsch Gotta
gschuggd Goggeler Griffelschbitzer Gräbele
Griabaschmalz
Gillafass Gruschd Guddr
Giggeler Goggeler granadamäßeg
Gsälz Giggaler
Goisel Goscha

An Haufa Gscheide, an Haufa Gschwädds ond weneg wo an Weag wissed.

zemmahogga

schwätza
goscha
tratscha
schelta
jomara
verzehla
maula
ratscha
bruddla
läschdra
s Maul verreißa
schtreita

oder oifach s Maul halta?

Wer dr Sonna da Buggl naschdreggt – gugget bloß uff da oigene Schadda

D Aget haget, wenns daget

Dalla
Dolla
Doigboll
Dennet
Dampfnudl
Doigaff
Denndafassle
Bolk
Datza
Dommehne
Dergele
Dogga
Doggawaga

danza
duschdeg
drenga
dudla
driale
drohla
dollohreg
dabba
dranadabba
deebra
diefa
duranand
dremmleg
Dibbel
Drallawatsch
Dregglacha
Drialer
Drugga
Drumm
Dipfele
deichsla
drepfla
dengla
dreggla
donka
duranand
daub
dalget
doigeg
dreggla
daggla
donka

Wia ma schwätzt

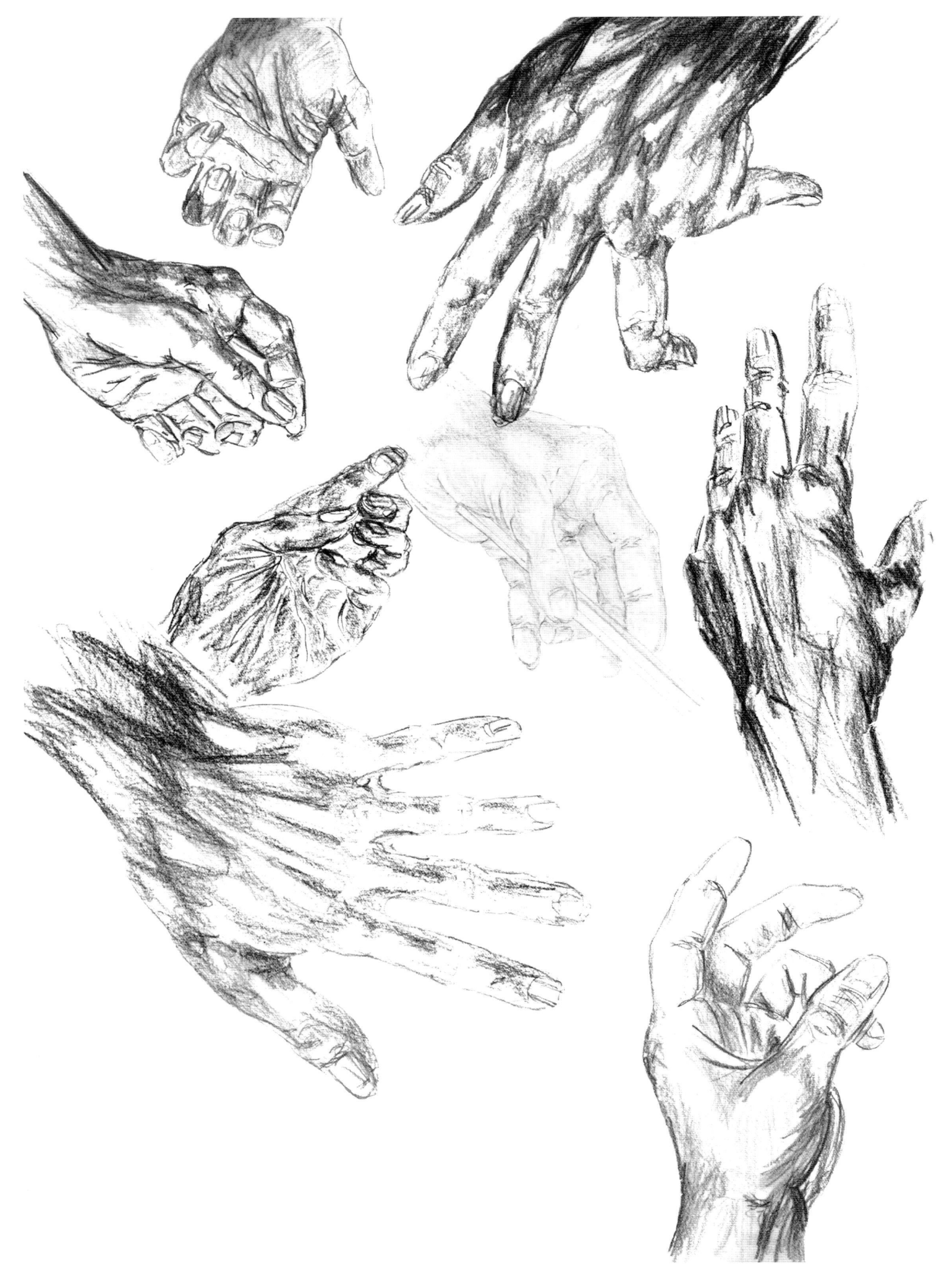

Se mechtet älles in d Händ nemma, aber se hend it älles in de Händ. Koiner!

Mir kennet älles, id blos Hochdeitsch

Bäbb Butzele budelnarred beffzga Bolla Boiz Bäsle Bruathenn Blärhäge boggla Bettsoicherla bäschdla babba Boscha Bullabeißer Bachele Blodr bibbra bazzig Bäradregg Bäbberle Bagasch Bräschdleng Butzele Bachl boodsga Babba Buggl bisale Boinerkarle Biable Briahle Bagenga Bronnabuddser Babbadeggl Bredla bussiera bäbbsiaß Behneschdiega bockboinig bizzale Breama Bodabirra Beig Buabaschbitzla Biggs brenntala Bollezei

Mach s Maul auf
Sag, was da denkscht
denk au – was da saischt

Wenn no d Leit älle so wäret, wia i sei sott.

So a Sauerei Do kennt sich koi Sau aus Des endressiert doch koi Sau Dia send gfahre wie d Sau S ischd saudomm zuaganga Des glaubt ja koi Sau Do hoscht saumäßig Glick ket Dia hot an scheena Sauschtall beinand Der hot d Sau rausglau Hosch des Saumensch gsea Des isch doch sauglatt So a saudomms Gschwätz S geit immer meh Sauriebel Do kennscht grad auf dr Sau naus Etz guck au dia Wildsau a Der hot a scheene Saubloter gheirotet Komm no her, du Saukerle Koi Sau war do Do kennt sich koi Sau aus Des endressiert doch koi Sau Dia send gfahre wie d Sau S ischd saudomm zuaganga Des glaubt ja koi Sau Do hoscht saumäßig Glick ket Dia hot an scheena Sauschtall beinand Der hot d Sau rausglau Hosch des Saumensch gsea Des isch doch sauglatt So a saudomms Gschwätz S geit immer meh Sauriebel Do kennscht grad auf dr Sau naus Etz guck au dia Wildsau a Der hot a scheene Saubloter gheirotet Komm no her, du Saukerle Koi Sau war do Do kennt sich koi Sau aus Des endressiert doch koi Sau Dia send gfahre wie d Sau S ischd saudomm zuaganga Des glaubt ja koi Sau Do hoscht saumäßig Glick ket Dia hot an scheena Sauschtall beinand Der hot d Sau rausglau Hosch des Saumensch gsea Des isch doch sauglatt So a saudomms Gschwätz S geit immer meh Sauriebel Do kennscht grad auf dr Sau naus Etz guck au dia Wildsau a Der hot a scheene Saubloter gheirotet Komm no her, du Saukerle Koi Sau war do Do kennt sich koi Sau aus Des endressiert doch koi Sau Dia send gfahre wie d Sau S ischd saudomm zuaganga Des glaubt ja koi Sau Do hoscht saumäßig Glick ket Dia hot an scheena Sauschtall beinand Der hot d Sau rausglau Hosch des Saumensch gsea Des isch doch sauglatt So a saudomms Gschwätz S geit immer meh Sauriebel Do kennscht grad auf dr Sau naus Etz guck au dia Wildsau a Der hot a scheene Saubloter gheirotet Komm no her, du Saukerle Koi Sau war do Do kennt sich koi Sau aus **So a Sauerei**

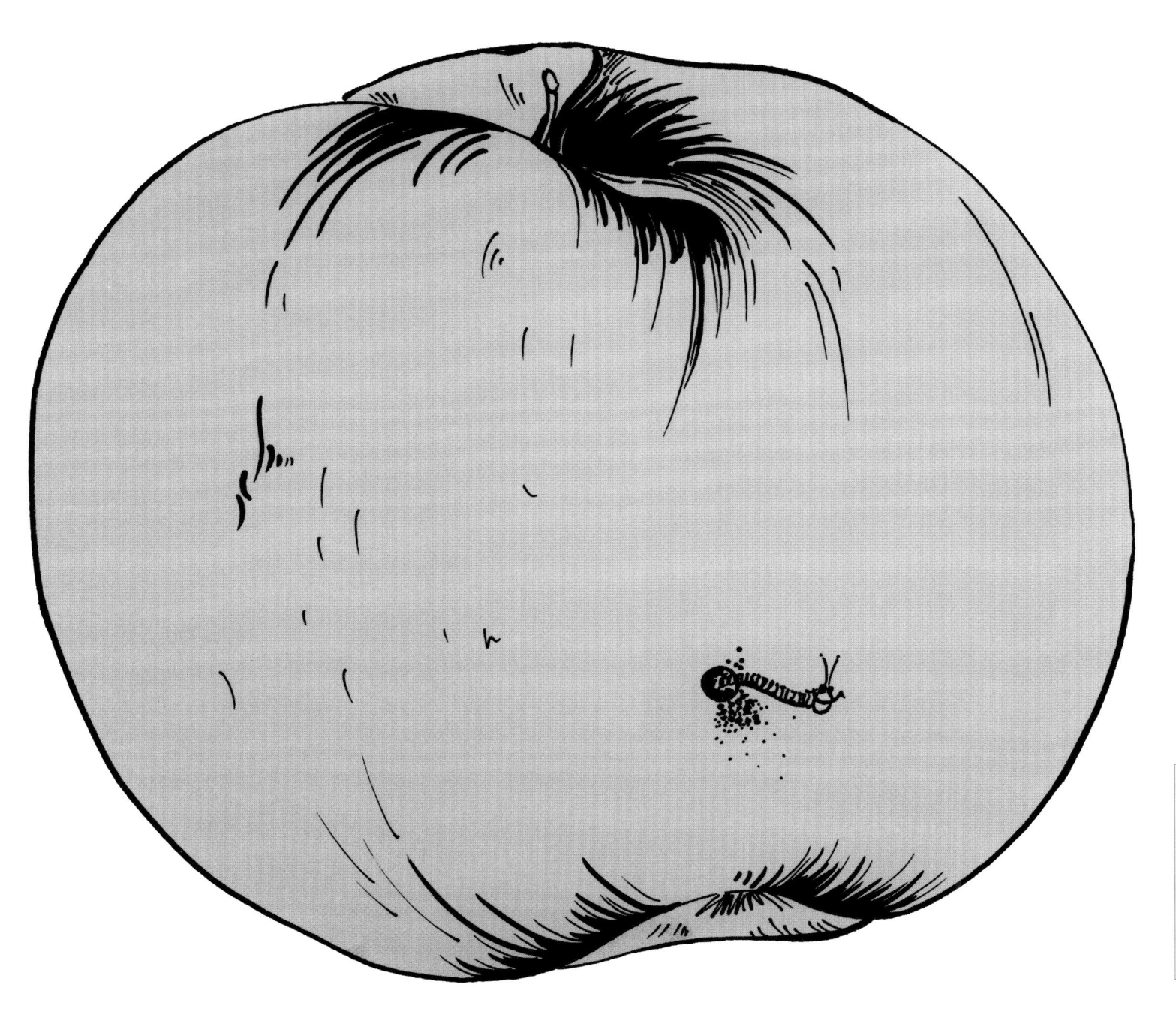

Em ma gsonda Äpfl
isch au dr Wurm gsond!

Mathias Richling

Rattenweiler	Krähenhof	Ratzenhaus	Katzental	Lochhammer
Beutelsau	Schweinebach	Lerchensang	Krottental	Reibeisen
Einöd	Gießen	Elsaß	Bremen	Buch
Luft	Sausenwind	Mariatal	Schaulings	Kratzer
Hübscher	King	Abraham	Niemandsfreund	Brunnen
Liebenried	Lustensbach	Busenberg	Mösle	Hübschenberg
Haizen	Höll	Engelweiler	Blitzer	Unwert
Mooshäusle	Hengle	Kaltbächle	Bummeles	Lachen

Bei eis geit s älles

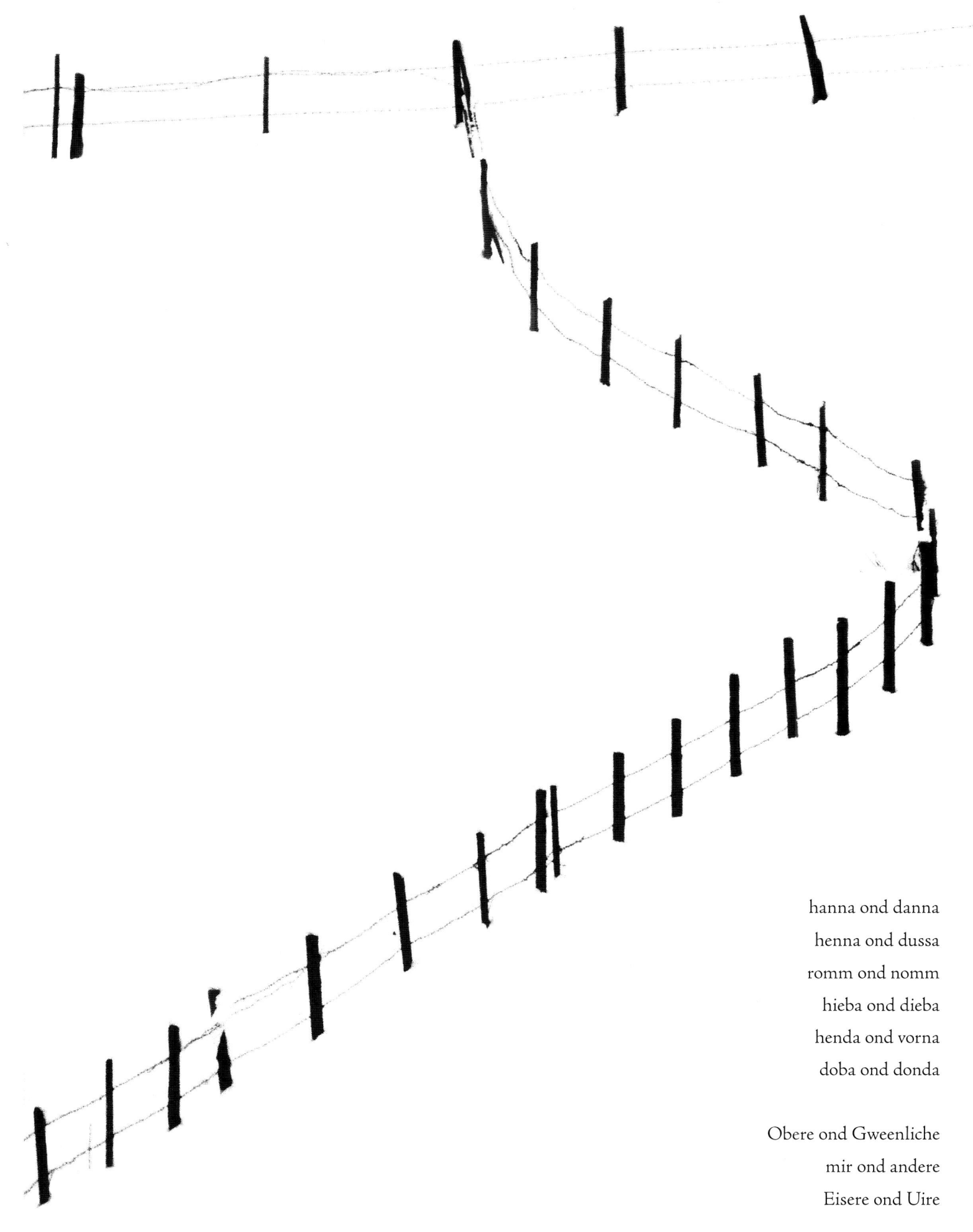

hanna ond danna
henna ond dussa
romm ond nomm
hieba ond dieba
henda ond vorna
doba ond donda

Obere ond Gweenliche
mir ond andere
Eisere ond Uire

d Zei fanget em Kopf a

Allgäuer Dialektsplitter
um Haus und Hof

Von Prof. Dr. Manfred Thierer

Des isch a gmähts Wiesle!
Die hocket grad dane, wie en Frosch auf dr Deichsel!
Ma sieht au einer dürrete Bire (getrocknete Birne) noch a, was amol a schöne Bire (Birne) war!
Die hocket in dr Kirch, wia a Kuh, wo eindruckt (deibet; wiederkäut)! Der hot a Nes wie ein Wetzsteikumpf! (Behälter für den Wetzstein)

Die Beispiele zeigen, dass viele Begriffe, Analogien und Sprüche im Schwäbischen in der bäuerlichen Welt zu Hause sind. Das macht den Dialekt farbig und anschaulich. Der Herausgeber hat mich gebeten, an einigen Begriffen darzulegen, wie das bäuerliche Leben das Schwäbische durchwirkt. Gleichwohl muss man sich bewusst sein, dass derzeit auch auf dem Land – dem Hort des Dialekts – viele Worte, Begriffe und Eigenheiten verloren gehen.

Für Haus und Hof bestanden und bestehen besonders viele Dialektworte. Innen gibt es beispielsweise Räume wie den *Soolar* (Laube, oberer Hausgang), *Schütte* (Getreidelager, meist im Wohnteil), *Tenne*, *Bone* (Raum über der *Tenne*), *Gsodhaus* (Brütshaus; darin die Maschine zum Kurzschneiden von Futter) oder die *Heukaare* (Heulagerräume). Außen zeigen alte Gebäude immer *Aufschieblinge* (geknickte Dachformen), manche haben einen *Wiederkehr* (rechtwinkliger Anbau), die Wände sind *zugschildet* (verbrettert) oder *geschindelt*.

Das *Plätzle* vor dem Wohnteil, oft mit Feldsteinen gepflastert, heißt *Fille*. Das hier stehende *Fillebänkle* wird meistens von den Großeltern (kaum noch bekannt: *Naana/Nääne*) in Beschlag genommen. Sie nehmen sich noch die Zeit zum *Hostube* (Plaudern). Beim Haus finden sich Nebengebäude wie Waschhaus oder *Hennestall* und manchmal auch noch ein Kornspeicher. An einem ruhigen *Plätzle* steht gewöhnlich der *Dengelstock*. Hier schärft man die Segessen: *Gut gwetzt, isch halbe gmäht.*

Dr Mischthaufe und dr Holzplatz solltets ganze Johr it leer werre! Gut einteilende Bauern beherzigen das besonders beim Holzmachen, schließlich muss ja bei geringer Arbeitsbelastung auch was zum *Schaffa* da sein. Die kleineren

Stämme werden am Holzplatz zu *Hagpfähl* und *Spreidel* (Anzündholz) verarbeitet. Ein wichtiges Werkzeug, um *Daas* (Tannenreis) zu verarbeiten, ist der *Schnaiter* (Gürtel, *Taashacker*). Reisig wird im *Buschlebock* gebunden.

Im Allgäu dreht sich (fast) alles um das Rind – *Kuh, Häagl, Ochs, Rindle*. Auf dem Foto sieht man Kühe in Reih und Glied – sauber hergerichtet für eine Viehprämierung. Nur bei einer hat der Besitzer die *Klattre* (Kotklumpen) an Fuß und *Fiedle* (laut Schwäbischem Handwörterbuch eine weniger derbe Bezeichnung für Hinterteil) übersehen. Man sieht die prall gefüllten Euter mit den Zitzen, die im Allgäu auch als *Strich, Strii, Strichla* und *Dutta* bezeichnet werden. Als *Dutte* werden auch die weiblichen Brustwarzen bezeichnet, und *Dutteknöpf* sind die silbernen Knöpfe an der Trachtenweste des Bauern oder der heutigen Musikanten.

Schon beim Jungrind gibt es die verschiedensten Bezeichnungen: die ganz jungen heißen *Budl*, neben *Jäarling* und *Rindle* ist der Ausdruck *Schump* oder *Schumpe* verbreitet (hochdeutsch Färse). Er soll auf das lateinische Jumentum (Zugtier) zurückgehen. Älter geworden wird das weibliche Tier paarungswillig – *rindrig* (*leifig* sagt man bei den Hunden). Nach dem Decken durch den *Häagel* trächtig geworden, heißt man es Kalb. Der *Molle* (Ochs) genießt nicht das Vergnügen des Deckens. Er wirkt ein wenig phlegmatisch, deshalb wird ein unbeholfener Mann auch als *Molle* bezeichnet (*Du bischt en rechter Molle!*).

Und die Rinder machen Mist, *pflättret* und *soichet*. Die nur im Allgäu gebräuchliche Bezeichnung für das unentwegte Ausbringen der Gülle ist *Bschitte* (*dr Bauer jammret s ganze Jahr, wenn er it grad bschittet*). Die *Bschitte* lagert im *Gschäal* (Jauchegrube). Mechanisch per Hand mit der *Bschüttschapfe* oder mit elektrischem Rührer wurde das nützliche Nass „homogenisiert" und auf raffinierte Weise in Rohren auf die Wiesen gepumpt. Aber an den Kupplungen hat es oft *gsoicht* (rausgespritzt). Der das reparieren musste, konnte am Abend nicht mehr so ohne weiteres unter *d Leit*.

Da schüttelt ein Bauer mit dem *Birahake* Obst von den Bäumen (*Der hot a Nes wie en Birahake!*). Ein rechter Hof hat noch eine *Boindt* (Birndt), hierzulande die mit Obstbäumen bestandene Wiese. *Boindten* sind nicht wegzudenkende, ökologisch wertvolle Bestandteile unserer Landschaft. Niemand will sie missen, gleichwohl nimmt das Interesse an einer Bewirtschaftung ab, die Bäume stehen oft im Weg, niemand hat mehr die Zeit für ihre Pflege. Und so verschwindet auch das Wissen um all die vielen Sorten, etwa die Oberländer, die Gelbmöstler und die Weitfelder Birnen sowie die *Griese* (Kirschen). Was auf den Bäumen übrig blieb, durften ab St. Gallus die Buben nachlesen. Sie durften *gallen*.

Abschließend noch zwei Sprüche – wer sie ohne Hilfestellung lösen kann, ist ein echter Allgäuer Schwabe!

Der hot a Muusikghör wie en Häage Millodre!
(Musikgehör, Milchadern)

Dr Boole foiget auf dr Bolladiele mit em Bolla Gare.
(Der Kater spielt auf der Diele mit einer Garnkugel; auf der *Bollediele* wurden einst die Leinsamenkörner getrocknet.)

Ansichten und Einsichten
aus Oberschwaben

Vom Oberschwäbischen Kalender zum Buch

Der Oberschwäbische Kalender ist Ursache und Begründung für dieses Buch. Erstmals erschien er 1987 mit dem Titel „Ansichten und Einsichten aus Oberschwaben" als Projekt der Gewerblichen Schulen Ravensburg und Saulgau. Zu den Lehrern der ersten Stunde Helmut Hirler, Alfred Mühlegg und Josef Schaut kamen im Lauf der Jahre weitere Kolleginnen und Kollegen von den Beruflichen Schulen Bad Saulgau, Friedrichshafen, Leutkirch, Ravensburg, Sigmaringen und Überlingen.

Von einzelnen Schülern oder Schulklassen stammen die Fotos und Grafiken, die teilweise im Unterricht entstanden sind. Eigene sprachliche Beiträge der Schüler blieben selten. Die heimische Mundart scheint weder im Bewusstsein der Schüler noch im Unterricht eine größere Rolle zu spielen. *„Dohoim schwätzt ma schwäbisch, en dr Schul schbreched se hochdeitsch."* Diese Anmerkung im Vorwort zum Kalender 1987 ist heute noch gültig.

Vielleicht *schwätzt ma dohoim* sogar weniger schwäbisch als vor 20 Jahren. Vielleicht, und das kann Hoffnungen wecken. Vielleicht aber wächst das Bewusstsein, dass die heimische Mundart doch etwas Besonderes, vielleicht sogar etwas besonders Wertvolles ist. Immerhin sind viele aufmerksam geworden auf den Oberschwäbischen Kalender, und das Schwäbische scheint zu gefallen, denn die kleine Auflage von damals ist inzwischen auf 5000 angewachsen. Wenn bei den Jüngeren Mundart möglicherweise als altmodisch oder hinterwäldlerisch gilt, so scheint es bei den Älteren anders zu sein. Mundart ist dort Erinnerung an Kindheit, Eltern und Großeltern, an Herkunft und Heimat. Als Gruß aus der schwäbischen Heimat wird der Kalender in die ganze Welt verschickt.

Wegen seiner Originalität und der professionellen Aufmachung ist der Kalender drei Mal bei der Deutschen Kalenderschau ausgezeichnet worden. Ausstellungen über den Oberschwäbischen Kalender gab es in Weingarten, Tübingen, Ravensburg, Esslingen, Wolfegg und Meßkirch.

Weil alle Beteiligten ehrenamtlich arbeiten, kommt ein Überschuss zustande, der für Entwicklungsprojekte vorwiegend in Afrika und Lateinamerika eingesetzt wird. Im Jahr 2006 waren dies beispielsweise 10150 Euro, *ond dees isch au it niggs.*

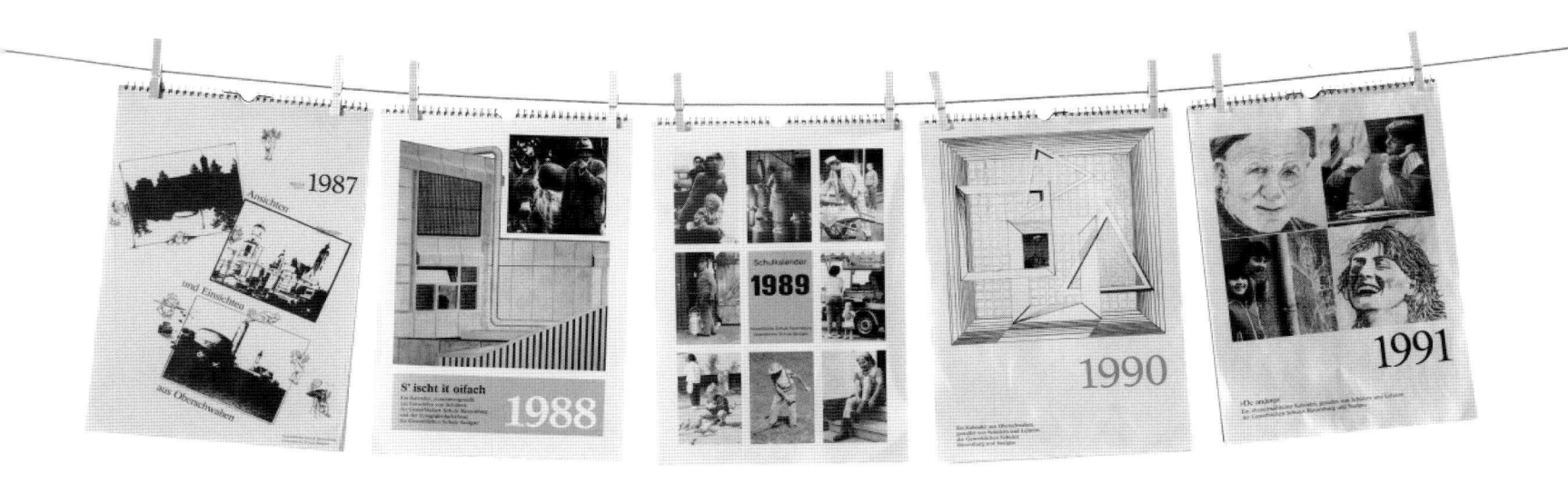

Zwanzig Jahre
„Oberschwäbischer Kalender"

Von Prof. Dr. Norbert Feinäugle

Der Name erhebt einen Anspruch: Dieser Kalender ist ein Kalender aus Oberschwaben und für Oberschwaben. Auf dem April-Blatt 2004 wird diese Region so eingegrenzt: *„Doba uff der Alb / donda am See / dieba em Badischa."* Wer Zweifel hat, ob die genannten Gebiete wirklich eingeschlossen sind oder doch zu „den anderen" gehören, kann sich daran orientieren, welche lokalen Festtage im Kalendarium angezeigt werden. Da findet man dann Orte zwischen Friedrichshafen und Biberach, Isny und Mengen. Auf dem Sonderblatt Museen (2006) werden die Grenzen noch etwas weiter gesteckt. Die Grenzorte sind Isny – Mengen, Friedrichshafen – Riedlingen, Überlingen – Meßkirch. Damit ist hinreichend klar, dass der Kalender auf die ganze Region Bodensee-Oberschwaben zielt.

Die zweite Assoziation, die der Name des Kalenders auslöst, ist der Bezug zu der hierzulande gesprochenen Mundart, die freilich streng genommen nicht in der ganzen Region schwäbisch ist. Aber so wie bei den Schwäbisch-Alemannischen Narrenzünften darf man auch bei der Mundart ab und zu großzügig sein und die Gemeinsamkeiten stärker gewichten als die Unterschiede. Schließlich könnte man – etwas kalauernd – auch noch eine dritte Bedeutung hinter dem Namen suchen. Der Kalender ist in seinen Qualitäten und in seiner Mentalität nicht nur schwäbisch, sondern sogar oberschwäbisch, indem er *in der Aufmachung angenehm schlicht bleibt, so wie wir Schwaben eben sind, in Bild und Text gut schwäbisch das Einerseits-Andererseits zum Prinzip erhebt, sich ausgesprochen wortsparend und lakonisch gibt, und sehr gern in verallgemeinernder Form spricht – „ma sott, ma dät..."* oder *„dia moinet..."* – und sich so wirklich als ein ober-, wenn nicht sogar höchst schwäbischer Kalender erweist.

Andererseits muss man nachdrücklich betonen, dass die Herausgeber nie jenem Oberschwabenkult gehuldigt haben, bei dem so lange die Vorzüge der Region aufgezählt und gelobt werden, bis man zugibt, dass man hier dem Himmel näher ist. Nein, der Kalender verliert nie die Bodenhaftung. Das ist nicht zuletzt ein Verdienst der Mundart selbst. Sie sorgt für die enge Bindung an die Alltagswirklichkeit. Aber es ist auch ein Verdienst der

Herausgeber, die durch kluge Themenwahl immer dafür gesorgt haben, dass der Kalender hiesig und aktuell blieb. Strukturwandel in der Landwirtschaft, Globalisierung, Generationenkonflikt, Vereinsamung und Arbeitslosigkeit kommen zur Sprache, aber auch das kleine Glück des Alltags, Heimat und Geborgenheit, die Schönheiten der Natur werden nicht schamhaft verschwiegen.

Im Grund sind es die klassischen Kalenderthemen, die den Rahmen bilden: Die Jahreszeiten in Natur, Arbeit und Brauchtum; die Zeit und mit ihr der Wandel, die Vergänglichkeit; schließlich das Selbstverständnis, die Mentalität, die Befindlichkeit der Bewohner dieses Landstrichs quer durch die Stände und Berufe, grundiert von den allgemein menschlichen Themen wie Liebe, Tod, Vertrauen, Arbeit und Ausruhen, aber auch, immer wieder, „wir und die anderen". Die kurzen Betrachtungen über das jeweilige Jahresthema, die Josef Schaut bei jedem Kalender in der Einleitung anstellt, sind immer lesenswert und oft regelrecht philosophisch.

Fragt man nach dem Ziel, das die Kalenderleute sich gesteckt haben, kann man die Antwort im Titel des ersten Kalenders finden: die Vermittlung von „Ansichten und Einsichten aus Oberschwaben". Die programmatische Bedeutung dieses Titels ist schon daraus zu ersehen, dass es neben dieser nur noch eine weitere Ausgabe ohne mundartlichen Titel gibt. Und er ist durchaus doppelsinnig zu verstehen: *Ansichten* – das ist, was man gezeigt bekommt; das sind aber auch die Meinungen, die die Leute so von sich geben; *Einsichten* – das kann heißen „Einsicht nehmen", genau hinschauen, aber auch, Vorurteile revidieren, neue Erkenntnisse gewinnen.

Der Titel meint also einerseits das im Kalender Gebotene, Gezeigte, Thematisierte, aber andererseits auch das, was man im Betrachter und Leser bewirken will. Die Kalender bieten kühle, moderne Grafik und treffsichere mundartliche Texte. Beides ist auf das Wesentliche konzentriert, sparsam in den Ausdrucksmitteln. Dem Betrachter soll Raum bleiben fürs eigene Nachdenken. Meistens besteht zwischen Bild und Text eine gewisse Spannung, die dieses Nachdenken anregen, manchmal auch regelrecht provozieren soll. Manchmal genügt dazu auch schon das Bild allein (Mutter und Neugeborenes, 12/2005). Nur selten wiederholt der Text einfach das, was im Bild ohnehin zu sehen ist. Meistens führt er weit darüber hinaus oder stellt sich in bewussten Gegensatz dazu. Eines der prägnantesten und vieldeutigsten Beispiele für diese Methode des Denkanstoßes ist das Foto der Verkäuferin und des Verkäufers in einem türkischen Einzelhandelsgeschäft mit der Bildunterschrift *„Ma duat wia d Leit"* (12/2000). Bei manchen Blättern darf man aber auch in nostalgischer Identifikation schmunzeln wie bei Blatt 12/2006, das ein Büble vor einem Schaufenster zeigt mit der Bildunterschrift *„Wenn dia no hättet/was mir zwoi weddet."* (Erst durch den Text fällt einem die Spiegelung des Jungen in der Schaufensterscheibe richtig ins Auge.) Oder bei dem Bild 12/2007, wo ein Kind dem anderen ins Ohr flüstert: *„Dr Nikolaus hot de gleiche Schuah wia dr Babba!"*

Die nötige Aufmerksamkeit gewinnt der Oberschwäbische Kalender schon allein dadurch, dass er immer für Abwechslung sorgt. Die drei Elemente Bild, Text und Kalendarium werden im Lauf eines Jahres immer wieder unterschiedlich kombiniert. Das wirkt ungezwungen.

Man hat den Eindruck, die Bilder nehmen sich den Platz, den sie brauchen, und die Texte fügen sich ein, wo sie Platz finden. Aber natürlich steckt da Kalkül und Können dahinter. Es ist diese scheinbare Ungezwungenheit, ein spielerisches Element, die spürbare Freude am Gestalten, was diesen Kalender so reizvoll macht. Auch bei den Texten folgt man nicht einem bestimmten Strickmuster. Vielmehr findet sich eine große Vielfalt an Formen in lockerer Mischung. Vielleicht am auffälligsten ist, dass sich der Kalender Blätter gönnt, in denen nur das Bild spricht. Der Oberschwäbische Kalender kann schweigen, er ist meistens wortkarg, oft lakonisch. Damit kommt er, wie schon erwähnt, der schwäbischen Mentalität entgegen. So wie seine Grafiken in strengem Schwarzweiß sich absetzen von den üppigen Farborgien unserer Medienwelt, so entziehen sich auch die Texte der medialen *Geschwätzigkeit*. Sie verlangen Achtsamkeit, Konzentration und Mitdenken. Die Anordnung in der Fläche, die räumliche Beziehung zwischen Text und Bild machen einen Teil der Botschaft aus (Beispiel 10/2004). Oft begnügt sich ein Blatt mit einem einzelnen Wort, einer einzelnen Wendung (wie 3/2007 oder 10/2007). Häufiger sind Redensarten, manchmal sogar gebündelt, wie bei Blatt 7/2007 unter dem Titel „I ka di leida", wo sich aus der bloßen Aufzählung einschlägiger mundartlicher Wendungen (übrigens eines der seltenen Blätter, das nicht bebildert ist) ein beherzigenswerter Leitfaden für eine stabile Ehe und für eine gute Beziehung überhaupt ergibt.

Lassen Sie mich an diesem Punkt eine kleine Anmerkung einflechten: Wenn man die 21 Jahrgänge durchsieht, dann wird einem immer deutlicher, dass der gemeinsame Nenner, das geheime Leitthema aller Jahrgänge, eigentlich das gedeihliche Zusammenleben ist, die gegenseitige Wahrnehmung und Toleranz, aber auch die Solidarität von Jung und Alt, Frauen und Männern, Hiesigen und Fremden. Die Mundart erweist sich dabei als ein Mittel, um Brücken zu schlagen. Aber es wird auch deutlich gemacht, dass sie ebenso als Mittel zur Ausgrenzung durch Vorurteile und Stereotypen verwendet werden kann. Der Kalender lädt nachdrücklich dazu ein, sich kritisch mit der Sprache auseinanderzusetzen.

Sprichwörter als feststehende sprachliche Form verwendet der Kalender sparsam, aber immer treffend ins Bild gesetzt (6/2005, 1/2006, 11/2006). Spruchweisheiten in kurzen Gedichten, also griffig zusammengefasste Einfälle und Lebensweisheiten, eigentlich das klassische Kalendermaterial, wie die gängige Bezeichnung „Kalenderspruch" schon sagt, sind gar nicht so häufig anzutreffen. Noch seltener verwenden die Kalenderleute „fremdes" Material, das heißt, Mundartgedichte bekannter schwäbischer Autorinnen oder Autoren. Eine Ausnahme ist in diesem Punkt der Kalender 2005 mit Gedichten von Hugo Breitschmid, Rolf Staedele und Manfred Mai. Häufiger finden sich dagegen serielle Texte, wie sie aus der Konkreten Poesie bekannt sind. Es sind nachdenkliche, manchmal regelrecht meditative Texte. Ein Beispiel sei hier zitiert, weil aus ihm auch die Grundhaltung des Kalenders recht schön deutlich wird:

„*Wenns de oine amol so geng wia de andere*
no dätet se domm gugga
no dätet se andersch gugga
noh dätet se meh noch de andere gugga."

(7/2005)

Noch ein paar Worte zur Rolle der Mundart im Oberschwäbischen Kalender: Auch wenn es das erklärte Ziel der Kalenderleute ist, eine Lanze für die Mundart zu brechen, so lassen sie sich doch weder auf sprachpflegerische noch auf nostalgisch-volkstümelnde Holzwege locken. Nur sehr sparsam gönnen sie sich ein Blatt mit schönen alten Wörtern, mit Blumennamen, Bezeichnungen für alte schwäbische Leibspeisen oder mit ungewöhnlichen Adjektiven. Die Mundart wird im Oberschwäbischen Kalender meistens in Funktion gezeigt. Die Illustrationen machen deutlich, wie die Leute denken und reden. Sie zeigen, dass die zitierten Äußerungen Situationen zuspitzen oder klären, auf jeden Fall auf den Punkt bringen können.

Ein großes Problem ist bei jeder mundartlichen Publikation die Schreibung. Die Kalenderleute haben sich für eine möglichst leserfreundliche Verschriftung entschieden, die sie auch ziemlich konsequent anwenden. In der sprachlichen Form lassen sie unterschiedliche oberschwäbische (und alemannische) Zungenschläge zu ihrem Recht kommen, ohne dass dadurch der Eindruck eines diffusen Mischmaschs entstünde. Vereinzelt wird auch einmal die mundartliche Vielfalt selbst thematisiert (z. B. 8/2005).

Aber selbst auf diesem Blatt ist die inhaltliche Aussage wichtiger als die Sprachbetrachtung – es geht um den Strukturwandel in der Landwirtschaft.

Kalender haben es zwangsläufig mit der Zeit zu tun. Und so tauchen auch im Oberschwäbischen Kalender zwei Themenbereiche in schöner Regelmäßigkeit auf: die Jahreszeiten (in Natur, Arbeit, Brauchtum) und das Vergehen der Zeit (der Wandel der Lebensformen, die Vergänglichkeit). Die Kalenderleute zeigen dabei einen vorzüglichen Blick für das Wesentliche und einen erfrischenden Sinn für (manchmal auch hintergründigen) Humor. So gelingt es ihnen überzeugend, ihr schon genanntes Programm zu verwirklichen: nämlich „Ansichten und Einsichten aus Oberschwaben" eindrücklich zu vermitteln. Nicht genannt wurden in diesem Titel des ersten Kalenders die „Aussichten". Aber auch dazu haben die Kalender in den 21 Jahren einiges gezeigt: nämlich wohin die gegenwärtigen Entwicklungen führen können, wenn man nicht gegensteuert. Aber auch, was getan werden kann von uns allen für ein gedeihliches Zusammenleben, für eine gute Zukunft und für ein lebens- und liebenswertes Oberschwaben.

Wia goht s weiter?

Dieses Buch ist ein Bilder- und ein Lesebuch. Man kann es auf die Seite legen und später wieder mal darin blättern. Vielleicht wird dann etwas vorher Überlesenes ganz neu, denn es kommt immer darauf an, *wia mas agugged*. Vieles ist mehrschichtig und lädt zum Betrachten und Nachdenken ein. Mehrschichtig ist auch die Sprache bzw. die Schrift. Zwar ist das Meiste in Schriftdeutsch verfasst, weil *ma sich halt schwerer duat, weil mas oifach it gwehnt ischd, wenns uff Schwäbisch gschrieba ischd*. Wenn die Eine und der Andere behaupten, dass das Schwäbische *gar it richtig gschrieba sei*, dann haben sie beide recht. So wenig wie es nur ein Schwäbisch gibt, so wenig gibt es die einzige richtige Form und Schreibweise des Schwäbischen. Noch ist das Schwäbische lebendig und wird in vielerlei Färbungen gesprochen. Zwar behaupten manche, dass die Dialekte sich abschleifen und bald ganz verschwänden. Englisch sei dann die alles beherrschende Weltsprache, Deutsch würde dann nur noch in unterprivilegierten Familien und an Stammtischen gesprochen, von Mundarten wisse man nichts mehr.

Es könnte aber auch ganz anders kommen. Möglicherweise wächst die Einsicht, dass mit dem Verlust der Mundart auch ein Stück Kultur den Bach hinuntergeht. Vielleicht erfährt der Dialekt eine Renaissance, wenn es chic wird, außer Schriftdeutsch und Englisch sogar noch Schwäbisch oder Bayerisch zu beherrschen. Mehrsprachigkeit ist ja immer auch ein Zeichen von Intelligenz und Weltoffenheit.

Ein Erlebnis mag das beleuchten. Es war in Meran. Am Nachbartisch saß ein alter Herr, Padre Leone, wie ihn die Leute nannten. Mit seinen Tischnachbarn sprach er italienisch und wechselte dann mit seinem Gegenüber ins Englische. Auf einmal stellte er auf Deutsch fest, dass die Suppe *räs* sei und dass er diesen Begriff und seine spezielle Bedeutung nur im Schwäbischen kenne. Auf sein Schwäbisch angesprochen, erzählte Padre Leone, dass er aus *Meggebeira* stamme, zu den Salvatorianerpatres in Bad Wurzach gehöre und wie er als kleiner *Bua s Handwägele d Blitzareiter Schdoig naufzoga häb*.

Wia s weiter goht? Des leit an de Leit! An eis leits. Mir send dia Leit. Bhiat es Gott.

Zwanzig Jahre,
läppische 20 Jahre!

Von Mike Jörg

Läppische 20 Jahre! Und trotzdem: dazwischen liegen Welten. Wenn damals ein Kind gesagt hätte: www – da hätte man gefragt: „*Oh, du arms Kend, wo duats denn weh? – zoigs mir amol, dann blos i na, no duats glei nemme weh*" – wewewe, vor 20 Jahren und heute?

Wir leben im Zeitalter von www, da hilft nicht mehr blasen, da muss gekleckert werden, da muss man auf den Putz klopfen, da muss man präsentieren. Heute werden schon in der Grundschule Eigenschaften gefordert, die waren noch vor 20 Jahren eine Sünde: Hochmut, hat man damals dazu gesagt, „*Sei it so hochmiatig, sei it so hoffertig*" – Heute wird das zum Vorwurf; heute wird fehlender Hochmut als fehlendes Selbstbewusstsein angemahnt. – Heute geht es um Begriffe wie Corporate Identity und Corporate Design. Heute ist es ganz wichtig, zu tun als ob – heute brauchst du eine Homepage, einen Internetauftritt! Du brauchst ein Handy, einen Laptop, Wireless Lan, einen Router, einen MP3-Player, sonst bist du out! Wenn jemand vor 20 Jahren mit solchen Begriffen um sich geworfen hätte, dann hätte man gesagt: *Was hot der denn für a Lettagschwätz*. Vor 20 Jahren haben die 20-Jährigen noch gewusst, was ein *Schittstein* ist, ein *Brotriebel*, was eine *Gruschdkammer* ist oder ein *Fatzge*. Damals haben sie noch gewusst, was kähl ist und waren selber kähl. Und das Wort „geil" hatte damals eine ganz andere Bedeutung. Wenn vor 20 Jahren jemand von seinem Handy erzählt hätte, von seinem Laptop oder gar von seiner geilen Homepage – dann hätte man gesagt: „*Dees ischd vielleicht an Fatzge, Haumpätsch! – So an blöda Gruschd brauched mir aber gwies it.*"

Ansichten und Einsichten

Heute bekämpft man die Arbeitslosigkeit, indem man die Wochenarbeitszeit verlängert und auch die Lebensarbeitszeit. Das verstehe ich nicht. Aber das ist anscheinend ein Denkfehler bei mir. Das sei wie ein Virus auf der Festplatte. Da hätte man zu einem Kind gesagt, du betonst das Wort falsch. Das heißt nicht Festplatte, sondern *Fäschdplatte*, das ist was zum Essen – und Viren kann man nicht essen, deshalb gehören sie auch nicht auf eine *Fäschdplatte*. Aber zurück zur Arbeitslosigkeit, und da leide ich anscheinend unter dem Krankheitsbild der Geburtstagslogik. Ich denke immer, wenn nicht genügend Arbeit da ist, dann müssen wir die Arbeit halt entsprechend aufteilen. Wie früher beim Geburtstag, da hatte meine Mutter immer einen Kuchen gebacken – und wenn acht Kinder zum Geburtstag kamen, dann gab es acht *Schdüggla* – und wenn 13 Kinder kamen, dann hat man halt 13 *Schdüggla gmacht*. Und das sei absolut falsch. Weil, das würde ja heißen, dass es Grenzen gibt. Das Gegenteil sei richtig. Das Weltall dehne sich täglich aus. Und diese Tatsache müssten auch wir zur Handlungsmaxime machen: Immer schneller, höher, besser. Immer mehr produzieren, immer mehr Ressourcen verbrauchen, immer mehr Landschaft.

Nur dann bekommen wir die Zukunft in den Griff! Nur wenn wir den *Gaul* ordentlich füttern, nur dann scheißt der größere *Rossbolla* – dann haben alle etwas davon.

En Haufa Zuig. Was ist Zuig? Darüber hat Martin Heidegger schon vor 70 Jahren nachgedacht, *übers Zuig* – und der hat schon damals geahnt, dass wir Menschen immer mehr zum *Zuig* degradiert werden, zu einem Verwertungsgegenstand im Verwertungsprozess. Wie wird es in 20 Jahren sein? Sind wir dann noch Menschen oder eher *bloß no Zuig?*

Auszüge aus der Rede zur Ausstellungseröffnung „En Haufa Zuig", 20 Jahre Oberschwäbischer Kalender am 8. November 2005 in Esslingen von Mike Jörg.

Was d Leit moinet

Die schwäbische Art, und somit auch die schwäbische Sprache, hat ein gutes Fundament und wird auch in Zukunft dort bestehen bleiben, wo ein unkompliziertes Miteinander Erfolg bringt und Freude macht.
„Wir können alles außer Hochdeutsch" hätte ich nie so formuliert, sondern: „Wir können alles, auch Hochdeutsch, wenn es sein muss."

Hugo Breitschmid, Dürnau, Bauerndichter
PS: Mit schwäbischem Gruß *kasch it schreiba, des könnt falsch verschtanda werra.*

Schwäbisch ist nicht unbedingt melodisch und doch Musik für meine Ohren; eher knapp an Worten und doch sehr reich an Bedeutung, denn: für Schwaben ist weniger oft mehr; die Ausdrucksweise von Menschen, die mehr sind, als sie auf den ersten Blick zu sein scheinen; Deutsch für Fortgeschrittene und die Muttersprache der zukunftsstärksten Gegend Deutschlands. *Schwäbisch isch: mei Hoimet!*

Stefanie Bürkle, Bad Wurzach, Dezernentin im Landratsamt Biberach

Neulich besuchte ich meinen ehemaligen Nachbarn in Reichenbach, Pfarrer Wurzer, um ihm zum 90. Geburtstag zu gratulieren. Ich schrie ihn wie gewohnt an: *„Alles Guade zom Geburtstag, Herr Pfarr!"* Er aber: *„Brauchschd it so schreia, i hör jetzt wieder einwandfrei, seit i a nuis Hörgerät hau. Ond s Schennschde isch, mein Tinnitus, wo i seit fönfafierzg Johr ghett hau, isch endlich au weg. Des isch wia a nuis Leba."* Ich fuhr nach Stuttgart zurück und habe mich von seiner Freude anstecken lassen. Seine Worte klingen immer noch nach. 45 Jahre gegen den Tinnitus gekämpft und besiegt. Ein Grund zu feiern, aber *„saumäßig"*.

Bernd Gnann, Reichenbach/Stuttgart, Schauspieler

Schwäbisch veschpra ka ma lerna, schwäbisch schwätza au. Jo mei. Doch zum sparsam schwäbisch leaba ka ma koine Rotschläg geaba. Des goht it, do sott ma eaba scho als Schwob gebora sei.

Manfred Hepperle, Ravensburg, Oberschwäbischer Mundartdichter und Kabarettist

Wenn ich mich umhöre, sprechen selbst Kinder aus urschwäbischen Familien kaum mehr Dialekt. Über kurz oder lang wird sich Schwäbisch nicht halten können, was ich bedaure, denn in Mundart können komplexe Sachverhalte, aber auch „Zwischenmenschliches" kurz und mit Sprachwitz ausgedrückt werden. Als Beispiel die Umschreibung einer schwäbischen Romanze: *„Dr Basche und die Anna, dia hangen an a nan(d) na."*

Dorothea Hermann, Meßhausen, Kfm. Ang./Hobby-Bäuerin

Das Oberschwäbische ist mir besonders lieb. Für die Stuttgarter, Tübinger und Heilbronner sind wir die „*it-Leut*", denn wir sprechen ein anderes Schwäbisch, eben das Oberschwäbische. Es gibt kein „*net*" als Verneinung, sondern „*mir ganget it hoim*". Unser Schwäbisch ist breiter, es verniedlicht weniger als das Honoratiorenschwäbisch in Stuttgart.
Wo ich das Schwäbische höre, fühle ich mich daheim. Wir können auch hochdeutsch sprechen, doch wenn wir schwäbisch *schwätzen*, haben wir ein Heimspiel. Eine Heimat, die noch in Ordnung ist, in der wir uns aufgehoben fühlen und in der wir sprechen dürfen, wie uns der Schnabel gewachsen ist, ist das Fundament für unsere Erfolge in der ganzen Welt. So hört man Schwäbisch von Kalifornien, wo unser Fußball-WM-Trainer Jürgen Klinsmann lebt, bis hin nach Schanghai und Kapstadt, wo sich unsere schwäbischen Firmen von Weltruf tummeln.

Rudolf Köberle, Fronhofen, MdL, Staatssekretär

Das Schwäbische ist für mich die Sprache der Heimat. Schwäbisch *schwätzen* heißt für mich zu Hause zu sein. Andere Sprachen wie Standarddeutsch oder Englisch spreche ich nur, wenn es sein muss.

Die Zukunft von echtem Schwäbisch sehe ich pessimistisch. Die Lautfärbung, also Honoratiorenschwäbisch, wird zwar noch lange bleiben. Aber ich spüre, dass der eigene schwäbische Wortschatz mehr und mehr verschwindet. Wer sagt noch: *„Los au zua"* oder *„So, hoscht dr weil?"*. Und wer, außer Jürgen Klinsmann, wagt es öffentlich *„die, wo"* zu sagen? Also, *no so lang schwäbisch schwätza, solang mir es no könnet.*

Winfried Kretschmann, Sigmaringen, MdL,
Vorsitzender der Fraktion GRÜNE

Das Schwäbische, meine Mundart, kommt für mich aus dem Herzen. Mundart ist ein Stück Heimat, das man auch dann in sich trägt, wenn man gezwungen ist, sich im Geschäfts- oder Bildungswesen auf Hochdeutsch oder Englisch verständlich zu machen. Auf Schwäbisch ist es mir möglich, mich viel genauer und differenzierter auszudrücken, denn das Schwäbische ist so reich an speziellen Ausdrücken, die oft lautmalerisch schon an die jeweilige Person oder ihre Eigenart erinnern. Da ich in einem Dorf aufgewachsen bin und auch heute noch auf dem Lande lebe, habe ich die Hoffnung, dass das Schwäbische, unsere Mundart, nie ganz verloren geht. Sicher ist auch hier die Jugendsprache mit Anglizismen durchsetzt, was ich persönlich gar nicht so schlimm finde. Schließlich haben wir aus einer anderen Epoche auch französische Begriffe in unseren Wortschatz aufgenommen.

Rösle Reck, Rulfingen, Mundart-Schriftstellerin

Wenn man nicht weiß, wo man herkommt, wie soll man dann wissen, wo man hin will und muss? Das Schwäbische ist ja nicht nur ein Dialekt mit Zukunft, sondern eine geschlossene Lebens- und Überlebensphilosophie.

Wie hilfreich ist unsere Dialektik mit dem „*so isch no au wieder*", wer kann unseren Realitätssinn im „*s isch wia s isch*" übertreffen? Wer außer uns Schwaben hat die sprachliche Fertigkeit, auch harsche Kritik so zu formulieren, dass es nicht so arg wehtut und damit die Chance zum weiteren Miteinander auch mit dem „*gröschten Dackel*" offen zu halten?

Wolfgang Schneiderhan, Generalinspekteur der Bundeswehr

Eltern von 10 Kindern. Josef Schnetz sammelt landwirtschaftliche Geräte. Einen Holzpflug aus dem 18. Jahrhundert, Hunderte von Kleingeräten, Maschinen und 50 alte Traktoren zeigt er alle zwei Jahre beim eigenen landwirtschaftlichen Museumsfest, das Tausende anlockt. Seine Aussage zum Schwäbischen: „*Meine Jonge schwätzet no älle schwäbisch. Früher hand se en onserer Gegend no gseit, mir dätet schu en Krutsalat essa, aber mir nemmed koin Drwil.*" „*Dia schwätzet heit au nemme so. Des merk i sofort wo d Leit herkommet. S ischd an Unterschied, ob se bei uns, bei ons, bei aous, bei eis oder bei is saget.*"

Hildegard und Josef Schnetz, Baienbach, Bäuerin und Bauer

Da meine Eltern beide aus Oberschwaben stammten, sprachen wir in der Familie schwäbisch. Die erste „Fremdsprache", die ich zu lernen hatte, war schriftdeutsch, das ich bald gut konnte. Wie es jedoch ein örtliches Heimatgefühl gibt, so gibt es auch ein sprachliches; das ist für mich das Oberschwäbische geblieben. Es drückt Nuancen und Schwingungen aus, die in der Präzision des Schriftdeutschen nicht möglich sind. Hoffentlich bleibt es erhalten! „*Etz gugg bloß do na*" kann zum Beispiel ein Gebet sein, wenn Gott der Adressat ist.

Schwester Marcella Welte OSB,
Abtei St. Erentraud, Kellenried

„D Hoimat isch koin Frosch – die juckt it fut." Ich glaube, besser als mit diesem schwäbischen Sprichwort kann man das Wesen der Heimat nicht beschreiben, egal, wie man nun „Heimat" auch immer definieren mag.

Für mich ist Heimat ein Zustand, ein „Sich-Wohlfühlen", ein Gefühl der Geborgenheit. In ein räumliches Koordinatensystem übertragen ist dies für mich zuallererst die Familie und gleich danach die Perle Oberschwabens, der Landkreis Ravensburg.

Mehr oder minder große Bahnen durch die Welt ziehen, zurückkommen, sich geborgen fühlen, verstanden werden – das ist Heimat und zu dieser Heimat gehört Landschaft, gehören Menschen, ihre ganz besonderen *„Mödele"*, auch ihre Macken und nicht zuletzt ihre Sprache.

Heimat – ein Muster ohne Wert, ohne Zukunft?
Undenkbar!

Kurt Widmaier, Landrat des Landkreises Ravensburg

Lehrerbeiträge im Oberschwäbischen Kalender (1987–2007)

Corinna Bischoff, Karl-Heinz Brodbeck, Norbert Büttendorf, Christel Creutzfeldt, Wolf Ehses, Elisabeth Emrich, Gotthard Görlitz, Dieter Hage, Guntram Harwart, Sabine Hauler, Helmut Hirler, Volker Jansen, Katharina Kouniou, Inés Kreitmair, † Reiner Laich, Walter Linder, Ferdinand Mattes, Annette Mössle, Alfred Mühlegg, Monika Münch, Rolf Nussbaum, Guido Oesterlein, Susanne Rebstock, Josef Schaut, Ortrud Schüle, Gerda Spinnenhirn, Matthias Thum, Karl Traub, Raimund Wäschle, Gisela Wolpert, Gisela Wulz.

Ein Großteil der Fotografien stammt von Helmut Hirler.

Schülerbeiträge im Oberschwäbischen Kalender (1987–2007)

Jasmin Abouid, Oliver Adam, Ananda Ahrens, Ute Angele, Jessica Arndt, Teresa Bader, Martina Badstuber, Peter Barthold, Katharina Bartosz, Dieter Baumann, Andrea Baumgärtner, Michael Beck, Lucia Beil, Daniela Beranek, Monika Berle, Michaela Bernauer, Uli Boettcher, Ingrid Boos, Patrick Böpple, Astrid Borkert, Margit Breitenstein, Kirstin Breitinger, Martin Brunner, Rotraut Bruschke-Pribil, Nicole Bulmer, Steffen Burgemeister, Susann Bürger, Christine Burkhart, Michael Buschbacher, Anne Corfe, Güzin Dalgic, Christian Dametto, Jean-Marc Delettre, Josefine Denzler, Kim Dinh Trang, Felix Distel, Judith Dreher, Michaela Eidloth, Daniel Emel, Oliver Ettenkofer, Anna Fakler, Astrid Feistl, Rosa Felsing, Agnes Fink, Anella Fischer, Katharina Forschner, Susanne Fortenbacher, Bettina Frank, Markus Frenzel, Lucia Frick, Jochen Frieß, Sylvia Fröhlich, Winfried Fuchs, Katrin Fülle, Iris Fussenegger, Manuela Futschick, Bernhard Gehring, Martin Genschow, Thomas Geschwentner, Thomas Giesenberg, Karl Gläsle, Yvonne Glöggler, Rolf Göbel, Bernhard Gögler, Gabriele Göppel, Hermann Götz, Indra Griffioen, Yvonne Gruber, Annette Gutemann, Birgit Haas, Christine Haas, Daniela Häberle, Eugen Haller, Oliver Hallmaier, Claudia Haselinger, Astrid Hasenöhrl, Minka Hauber, Pamela Haug, Eckard Haugg, Katrin Hauser, Bettina Hauser, Klaus Herde, Angelina Heinzelmann, Frauke Heller, Jürgen Hendricks, Esther Hengge, Christine Herr, Sabine Herrmann, York Hirt, Werner Höb, Ramona Hoffmann, Marc Höger, Silvia Holland-Kunz, Sarah Holzmeier, Frank Hörmann, Martina Huber, Andreas Illenseer, Kathrin Illenseer, Ulrike Irmler, Sonja Irouschek, Christoph Iske, Claudia Jäger, Jo Jankowski, Frank Jankowsky, Michael Jarnusch, Patricia Jocham, Christiana Kaifler, Niklas Keller, Jennifer Kersting, Maria Kinzinger, Werner Klaus, Michael Köberle, Jutta Korn, Jutta Krüger, Christoph Kuhn, M. Kummerow, Simone Kümmich, Dirk Kurz, Markus Labor, Christina Laube, Sandra Laux, Markus Leser, M. Lieber, Peter Locher, Sabine Lupschina, Susanne Lutz, Petra Magnus, Hans-Jürgen Magnus, Melanie Maier, Gunnar Maier, Matthias Maihöfer, Monika Marschall, Tanja Mathes, Torsten Mauch, Carin Mauch, Markus Mauthe, Manfred Mauz, Christine Meisner, Stefan Merkel, Murat Mert, Natascha Mirkovic, Frank Mühlbauer, Petra Müller, Peter Müller, Martina Müller, Sylvia Müller, W. Müller, Regina Nägele, Lisa Naujack, Bettina Neth, Bettina Nette, Markus Niethammer, Natalie Niethammer, Jens Oellermann, Guido Oesterlein, Inge Ostertag, Åsa Persson, Stefan Pfeil, Alexander Piefke, Marc Pion, Kitty Pöschko, Peter Prang, Petra Prang, Lydia Puric, Michael Rapp, Jörg-Andreas Reihle, Eva Reinhardt, Antonia Renn, Karl-Eugen Rieger, Tilo Riolo, Ute Rittler, Sandra Riveroff, Mandy Rösner, Heike Rotzler, Marc Rübsam, Manuela Schad, Gabriel Schauf, Nicolai Schendel, Anja Schiller, Monika Schlaich, Michael Schlegel, Uwe Schlotterer, Isabel Schmid, Irmgard Schmid, Ilona Schmidt, Marcelina Schmidt, Karin Schmied, Frank Schmitt, Julia Schmölzer, Julia Schneider, Kathrin Schneider, Steffi Schneider, Petra Scholz, Barbara Schreyer, Frank Schröder, Christian Schwanz, Oliver Schwarz, Carmen Seibold, Oliver Selzle, Tanja Seyfried, Christian Siebert, Ralf Singer, Ann-Kathrin Singer, Sonja Spies, Uli Staiger, Daniela Stamm, Irene Stecher, Jens Steenblock, Daniela Strigel, Kerstin Strobel, Monika Tenhündfeld, Guilia Topp, Susanne Tsingos, Clemens Uhlemann, Johanna Utz, Diana Vogel, Christine Wahlich, Veronika Wäscher, Ralf Wegerer, Elisabeth Wehrle, Patricia Wetschorek, Timo Wetz, Tim Wiethaler, Christina Willburger, Karin Willmann, Heidrun Winter, Beate Wischer, Jadranka Wolf, Petra Worsch, Anke Wühler, Jana Wulfert, Monika Würzer, Anita Zabel, Udo Zerbes, Iris Zimmermann, Matthias Zink.

Für Vollständigkeit und Schreibweise der Namen kann keine Verantwortung übernommen werden.

Bibliografische Information der Deutschen Bibliothek
Die Deutsche Bibliothek verzeichnet diese Publikation in der Deutschen Nationalbibliografie;
detaillierte bibliografische Daten sind im Internet über http://dnb.ddb.de abrufbar.

© 2007 by Biberacher Verlagsdruckerei GmbH & Co. KG

Konzeption: Josef Schaut
Redaktion: Rudolf Göggerle, Gotthard Görlitz, Helmut Hirler, Alfred Mühlegg, Josef Schaut, Rebecca Schellhorn
Gestaltung: Rebecca Schellhorn
Herstellung und Verlag: Biberacher Verlagsdruckerei GmbH & Co. KG, Leipzigstraße 26, 88400 Biberach
Druck: Druckwerk SÜD GmbH & Co. KG
Weiterverarbeitung: Josef Spinner Großbuchbinderei GmbH

Alle Rechte einschließlich der Vervielfältigung, Verbreitung in Film, Funk und Fernsehen,
Speicherung in elektronischen Medien sowie Nachdruck, auch auszugsweise, vorbehalten.

Printed in Germany
1. Auflage, ISBN 978-3-933614-30-8

Mit freundlicher Unterstützung des Fördervereins Schwäbischer Dialekt e.V., der OEW
und der Verlegerin Hildegard Diederich.